학생들의 성공적 삶과

사회정서 학습

긍정적인 학교생활을 촉진하는 교사들의 사회·정서적 기술 다섯 가지

학생들의 성공적 삶과
사회정서 학습

Nancy Frey, Douglas Fisher, and Dominique Smith 지음

안찬성 옮김

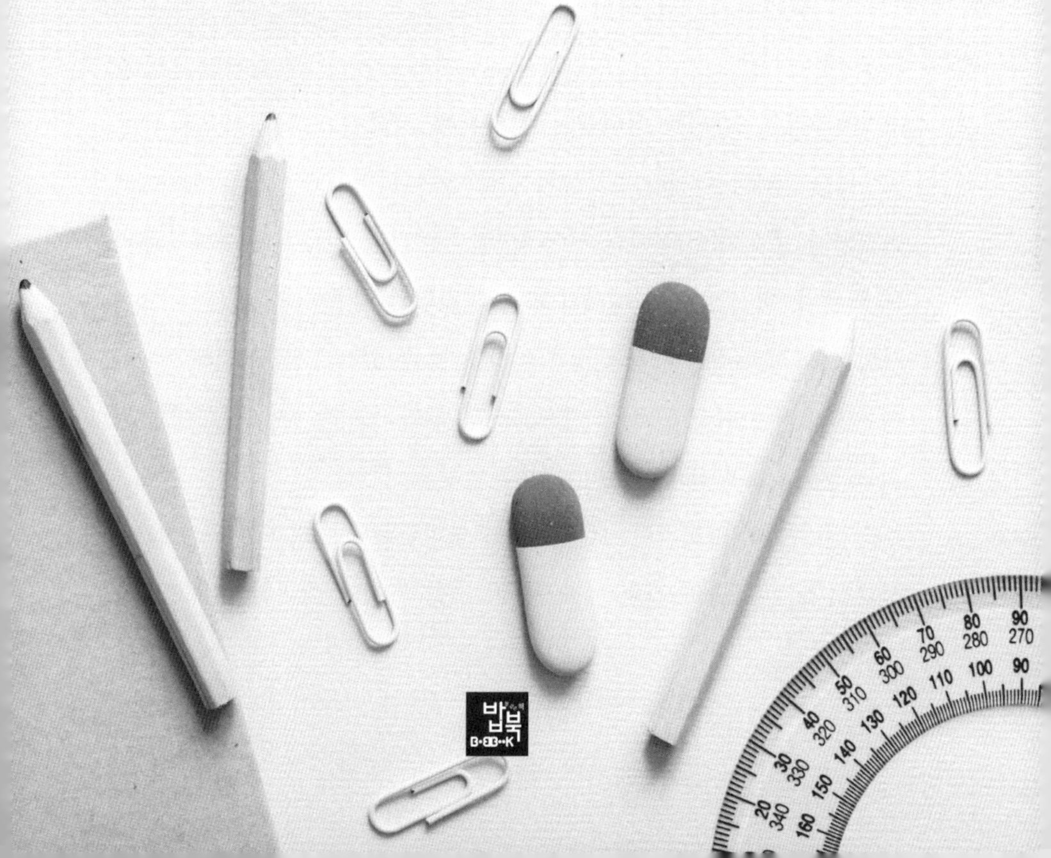

옮긴이의 글

사회·정서적 역량은 곧 성공적인 삶의 기술이다

사회·정서적 학습(Social and Emotional Learning; SEL)은 교실에서 이루어지는 학생들의 학업적 활동에 긍정적 영향을 끼치는 사회·정서적 역량에 관한 것일 뿐만 아니라 다양한 상황에 적용할 수 있는 삶의 기술에 관한 것이기도 하다.

유감스럽게도 이러한 사회·정서적 학습은 오랫동안 잠재적 교육과정으로 여겨져 왔다. 아마도 여기에는 교실에서 교사가 "늘 감사한 마음을 가져야 해.", "또래들과 사이좋게 지내야 해.", "학습 목표를 세우고 이를 달성하기 위해 노력해야 해." 등과 같은 말만 하더라도 학생들 사이에서 은연중에 사회·정서적 학습이 이루어질 것이라는 믿음이 내재해 있을지도 모른다. 하지만 사회·정서적 학습과 관련된 학생들의 경험은 가정의 사회·문화적 배경에 따라 질적 차이를 보일 수 있으며, 이로 인해 학교에서 이루어지는 잠재적 교육과정으로서의 사회·정서적 학습은 학생들 간의 개인차를 유발할 수도 있다.

좀 더 솔직히 말하자면, 모든 학생이 교과학습에 노력을 기울이더라도 사회·정서적 학습과 관련된 개개인의 경험 차이가 교과학습에 영향을 끼치게 마련이다. 따라서 학생들의 학습 결과는 똑같을 수가 없다. 즉 사회·정서적 학습이 잠재적 교육과정의 일부로만 남은 채 학생들 개개인의 경험에 의존한다면 학업을 포함한 학생들의 생활 전반에 걸쳐 그 차이는 확대될 수밖에 없는 것이다.

이러한 맥락에서 이 책은 시종일관 사회·정서적 학습이 공식적 교육과정의 중요한 요소가 되어 교실에서 공개적으로 실현되어야 함을 주장하고 있다.

> "만약 교사로서 학생들이 진심으로 학습하길 바란다면, 이들의 학습을 위한 조력자가 되고자 한다면, 그리고 적절한 학습 목표는 주요 교과 내용의 숙달 그 이상이어야 한다고 믿는다면, 교사는 교실에서 기꺼이 사회·정서적 학습을 실현할 수 있어야 한다.
>
> 한편 학생들은 교과학습만으로는 이들이 직면하는 현실 세계의 도전에 제대로 대처할 수가 없다. 학생들은 복잡한 사회 환경 속에서 자신의 행동 결과를 예측하고 올바른 결정을 내릴 수 있도록 사회·정서적 기술을 습득할 필요가 있다."

이 책은 교사가 학생들의 사회·정서적 발달을 꾀하는 데 도움이 되는 사회·정서적 기술을 크게 다섯 가지로 구분하여, 제2장에서 제6장까지 차례대로 이를 심층적으로 논의하고 탐구하였다. 그 다섯 가지는 다음과 같다.

① 정체성과 효능감 ② 정서 조절 ③ 인지 조절 ④ 사회적 기술 ⑤ 공공심

책은 이 다섯 가지 기술을 차례대로 다루면서 이 기술이 구체적으로 어떻게 학생들의 사회·정서적 발달을 가져오는지를 보여주고 있다.

아무쪼록 이 책이 던지는 '왜 사회·정서적 학습이 더 많은 관심을 받아야 하는가? 학교라는 교육환경 속에 사회·정서적 학습이라는 나무를 심기에 가장 좋은 시기는 왜 오늘이어야 하는가?'라는 물음이, 교육에 관여하고 있는 독자들에게 반향을 일으키길 바라며, 이 책의 번역에 대한 실수는 전적으로 역자의 책임이라 하겠다.

2021년 10월 안찬성

차례

옮긴이의 글 사회·정서적 역량은 곧 성공적인 삶의 기술이다 4

제1장 **그 자체로 가치 있는 사회·정서적 학습** 11

사회·정서적 학습에 대한 면밀한 고찰 14
SEL은 학교 교육에 포함될 수 있을까? 17
교육과정으로서의 SEL 19
긍정적인 학교생활을 촉진하는 SEL 22
학교에서의 SEL 정착은 의도적인 노력의 결과이다 28
통합적인 SEL의 다섯 가지 범주 30
마무리 35

제2장 **정체성과 효능감** 37

정체성과 효능감이란? 41
강점 인식 45
자신감 51
자기 효능감 56
성장형 사고방식 57
인내와 투지 61
회복력 64
마무리 71

제3장 **정서 조절** 73

정서 조절이란? 79
정서 식별 81
정서적 자기 지각 85
충동 조절과 만족 지연 89
스트레스 관리 101
대처 104
마무리 105

제4장 **인지 조절** 107

인지 조절이란? 110
메타 인지 111
주의력 114
목표 설정 118
문제 인식 및 문제해결 122
도움 요청 123
의사결정 126
조직 기술 127
마무리 131

제5장 **사회적 기술** 133

사회적 기술이란? 137
친사회적 기술 138

관계 형성 141
의사소통 148
공감 151
관계 회복 155
마무리 159

제6장 **공공심** 161

공공심이란? 164
타인 존중 165
용기 165
윤리적 책임 167
시민적 책임 170
사회 정의 171
봉사 학습 172
지도력 174
마무리 176

제7장 **사회·정서적 학습이라는 나무를 심기에 가장 좋은 시기는…?** 179

참고 문헌 188

그 자체로 가치 있는 사회·정서적 학습

학습 그 자체는 학교를 상징한다. 교사는 학교에서 어떤 지위를 차지하고 있든지 간에 학생들의 학습에 주의를 기울이고 이들의 학습발달을 위해 많은 시간을 할애한다. 하지만 유감스럽게도 '학교에서 학생들이 무엇을 학습해야 하는지'에 관한 문제는 미묘하고 복잡해서 지금까지 수십 년 동안 논의되었다.

교사는 무엇을 가르쳐야 할까?
학생들은 무엇을 배워야 하고 무엇을 할 수 있어야 할까?

어떤 측면에서 보면 이에 대한 대답은 간단할 수도 있다. 학교는 가르쳐야 하고, 학생들은 주요 교과목을 학습해야 한다. 이를 위해 학생들의 학업에 대한 학교의 책임은 영어, 수학, 과학, 사회 등과 같은 주요 교과목의 성적 향상에 초점을 맞출 수밖에 없다. '평가 순위'라는 측면에서 성공적인 학교가 되기 위해서는 학생들이 학업성취도 평가에서 좋은 성적을 거두어야 한다. 결과적으로 학교는 학생들의 교과학습 발달에 많은 시간을 할애할 수밖에 없다.

또 다른 측면에서 보면 '가치 있는 학습 내용', 즉 학교 교육과정에는 주요 교과목뿐만 아니라 직업 기술도 포함되어야 한다. 예컨대 미국의 '직업기술개발에 관한 장관위원회'는 학생들이 학교에서 직업기초능력을 습득하도록 강력히 권고하고 있다. SCANS 보고서에 따르면, 학생들은 학교에서 기초학습능력(읽기, 쓰기 및 셈하기)뿐만 아니라 직업적 사고능력(지식이나 정보를 직업적 업무에 적용하는 데 필요한 사고 능력)과 직업인으로서의 자질(헌신, 책임, 신뢰, 성실 등)도 습득할 필요가 있다.

'학교는 학생들에게 기초학습능력과 학문적 지식을 포함해서 직업 기술까지도 가르칠 수 있어야 한다'라는 사회의 요구는 자명하다. 예컨대 미국의 캘리포니아주에서는 고등학생들이 3년에 걸쳐 300시간의 직업 기술 과정을 이수해야 한다. 이 과정에는 다른 사람들과 협력해서 문제 해결하기, 새로운 아이디어나 결과물 창출하기, 명확하게 의사소통하기, 합리적으로 의사 결정하기 등과 같은 경험적 기술이 포함되어 있다. 이러한 경험적 기술은 생산력을 뒷받침하고 직업 역량과 상응한다.

한편, 학교 교육과정에는 사회·정서적 기술이 반드시 포함되어야 한다는 주장도 있다. 이러한 주장을 지지하는 사람들은 학습의 사회·정서적 측면을 고려한 수업 혹은 사회·정서적 학습(Social and Emotional Learning, SEL)이 학생들의 교과학습 발달에 긍정적인 영향을 끼칠 것이라고 믿고 있다. 또 이들은 학생들에게 사회·정서적 기술을 가르침으로써 학교의 정학률과 퇴학률— 미국의 캘리포니아주에서는 정학률과 퇴학률이 성공적인 학교를 가늠하는 척도에 포함되어 있음 —을 낮출 수 있다고 주장한다. 지금까지 제도적으로 SEL에 기울이는 노력이 미미했다는 점을 염두에 두고 교사로서 나는 이들의 주장에 '동의'하며, SEL 확산에 힘을 보태고 싶다.

사회·정서적 학습에 대한 면밀한 고찰

SEL(Social and Emotional Learning, 사회·정서적 학습)은 지금까지 다양하게 정의되었다. 일반적으로 SEL은 학교, 직장, 지역사회, 대인관계 등에서의 성공을 뒷받침하는 사회·정서적 기술(품행과 인성을 포함해서)에 초점을 두고 있다.

유감스럽게도 이러한 사회·정서적 기술이 학생들의 학업 혹은 교과학습에 영향을 끼쳐 왔으나 이것은 뚜렷한 교육목표라기보다 '단순한 기술'이나 '개인적 속성'으로 여겨졌다. 사실 모든 교사가 의식적이든 무의식적이든 간에 사회·정서적 기술을 가르치고 있다. 버먼, 채피 및 사르미엔토(Berman, Chaffee, & Sarmiento)는 "가르치는 방법은 가르치는 내용만큼이나 중요하다. 그리고 교실 문화에는 사회적 소속감과 정서적 안정감이 반영되어 있으며, 교실에서 이루어지는 다양한 학업적 활동은 학생들의 사회·정서적 역량을 강화할 수 있을 뿐만 아니라 이들의 사회·정서적 역량에 의해 영향을 받을 수도 있다."라고 말하였다. 이는 '가르침'이라는 행위를 통해 학생들의 사회·정서적 역량을 강화할 필요가 있다는 의미이기도 하다.

학생들의 사회·정서적 역량에 주의를 기울이려는 현재의 노력은 워터스와 스루프(Waters and Sroufe)의 연구에 근간을 두고 있다. 이들은 사회·정서적 역량을 '주변의 요구에 대해 유연하게 대응할 수 있는 능력 및 주어진 환경에서 좋은 기회를 만들고 이를 활용할 수 있는 능력'으로 정의하였다. 이를테면 유능한 사람들은 적응력을 바탕으로 주어진 상황에 적절하게 대응하고, 자신이 처한 환경에서 좋은 기회를 모색한다. 요컨대 학생들의 사회·정서적 역량을 키우는 게 교사의 책임이라면 학교 차원에서의 광범위한 지원과 투자가 선행되어야 할 것이다.

SEL에 대한 연구는 수년간 발전되어 왔다. 1997년에 엘리아스(Elias)와 그의 동료들은 SEL이 일련의 역량이나 기술로 구성되어야 함을 제안하였고, 더랙(Durlak) 등은 이러한 일련의 역량을 다음과 같이 구체적으로 제시하였다.

- 정서를 인식하고 다루는 능력
- 긍정적인 목표를 설정하고 달성하는 능력
- 타인의 관점을 이해하는 능력
- 긍정적인 관계를 형성하고 유지하는 능력
- 책임 있는 의사 결정을 하는 능력
- 대인관계를 좋은 방향으로 이끄는 능력

이와 관련해서 인지적 학습 및 사회·정서적 학습협회(Collaborative for Academic, Social, and Emotional Learning, CASEL)는 SEL을 구성하는 역량으로 다음의 다섯 가지를 제시하였다.

- **자기 인식:** 자신의 감정, 가치, 행동 등을 인지하고 숙고하는 능력
- **사회적 인식:** 타인의 관점에서 상황을 바라보는 능력 및 타인의 다양성을 인정하고 사회·문화적 규범을 존중하는 능력
- **대인관계 기술:** 주변 사람이나 집단과 긍정적인 관계를 형성하고 유지하는 능력
- **자기 관리:** 자기 동기 부여, 목표 설정, 자기 형성, 자기 계발, 충동 조절, 스트레스 예방 등을 수행하는 능력
- **책임 있는 의사 결정:** 자신과 타인의 이익에 도움이 되는 선택을 하는 능력

그리고 최근에 알려진 윌리스의 기본 모형은 SEL을 다음의 세 가지 영역으로 구분하였다.

- **인지 조절:** 주의 조절, 억제 조절, 작업 기억과 작업 계획, 인지 유연성
- **정서적 과정:** 감정 지식과 감정 표현, 감정 조절과 행동 조절, 공감
- **사회적(대인 관계적) 기술:** 사회적 단서 알기(눈치), 갈등 해결, 친사회적 행동

SEL은 학교 교육에 포함될 수 있을까?

'더 많은 것을 알고 있을 때만 더 말하라'라는 교훈처럼 사회·정서적 학습의 효과에 대해 여기서 지나치게 많은 말을 하고 싶지는 않다. 다만 한 가지 꼭 집어서 말하자면 교실에서 이루어지는 학습은 항상 인지적 측면과 사회·정서적 측면을 포함한다는 것이다.

수년간 초·중·고를 포함한 수많은 교육기관에서 수천 명의 학생을 가르치면서 사회·정서적 학습에 관한 연구에 몰두하였다. 이러한 교직 경험과 연구를 통해 다음과 같은 결론을 내릴 수 있었다.

> '교사들은 의심할 여지 없이 학생들의 사회·정서적 발달에 영향을 끼친다. 따라서 이들은 긍정적이고 의도적인 방식으로 학생들의 사회·정서적 발달을 꾀할 책임이 있다.'

앞의 절에서 언급하였듯이 사회·정서적 학습을 구성하는 기술이나 역량에는 여러 가지가 있다. 그리고 지금까지 이러한 사회·정서적 기술이나 역량을 키우는 데 도움을 주는 수많은 프로그램이 개발되었다. 이뿐만 아니라 교실 수업에서 사회·정서적 학습을 어떻게 실현할지에 관한 관심도 증가하였다.

SEL에 대해 좀 더 많은 것을 살펴보기 전에 이 절에서는 SEL에 관한 세 가지 공통된 물음을 다루고자 한다.

1) SEL에 초점을 둔다는 것은 교과학습을 소홀히 한다는 의미인가?

교사들이 학생들과 함께 많은 시간을 보내면서 이들의 학습을 극대화하는 것은 중요하다. 여러 연구에 따르면 SEL은 인지적 학습 혹은 교과학습에 긍정적인 영향을 끼친다. 그리고 존스(Jones) 등은 "자기 자신의 생각, 주의, 행동 등을 효과적으로 조절할 수 있는 학생들은 그렇지 못한 학생들보다 학업성취도가 더 높은 경향이 있다"라고 말하였다.

요컨대 친사회적 행동과 자기 조절 기술을 습득한 학생들은 교과학습의 성과가 높고, 행동 조절이 어려운 학생들은 교과학습의 성과가 낮다.

2) SEL 프로그램을 시행할 때 학부모의 역할은 무엇인가?

사실 학생들은 SEL을 통해 특정한 가치를 배우게 된다. 그리고 이러한 가치는 지금까지 학교 교육의 구성 요소가 되어 왔다. 이를테면 언제나 교사의 행위— 가르칠 책 고르기, 학생들의 질문에 대답하기, 남학생–여학생–남학생–여학생 순으로 줄 세우기 등 —에는 특정한 가치가 포함되어 있다. 이뿐만 아니라 교사는 의식적이든 무의식적이든 간에 모든 수업에서 학생들에게 자신의 가치관, 도덕관, 신념 등을 전달하기 마련이다.

유감스럽게도 학교 교육을 통해 학생들에게 전달되는 특정한 가치가 모두 바람직하다고 장담할 수는 없다. 학생들에게 적용하는 SEL 프로그램 역시 마찬가지다. 따라서 학교 차원에서 학생들에게 SEL 프로그램을 적용할 때 학부모들은 프로그램에 담긴 내용과 가치를 면밀하게 검토할 필요가 있다.

3) SEL은 획일적인 집단 사고를 초래하는가?

종종 우리는 SEL이 획일적인 집단 사고를 초래한다는 말을 듣곤 하였다. 솔직히 우리는 어안이 벙벙할 수밖에 없었다. 사실 학교에서 지배적이거나 특권적인 사고방식은 존재하지 않으며, 유일한 형태의 SEL 프로그램 역시 존재하지 않는다. 다만 행동, 사고, 태도, 관습 등을 규정하는 다양하고 적절한 방식이 존재할 뿐이다.

요컨대 학교에서 이루어지는 SEL은 학생들이 사회의 생산적인 구성원이 되도록 사회·정서적 발달을 촉진하려는 것일 뿐, 다른 어떤 불순한 의도를 꾀하려는 건 아니다.

교육과정으로서의 SEL

SEL을 둘러싼 많은 논쟁은 '학생들의 생각을 형성할 수 있다'라는 SEL의 교육과정으로서 잠재력에 바탕을 두고 있는 것 같다. 이러한 차원에서 교실에서 이루어지는 SEL을 탐구하기 위해서 조지 포스너(George Posner, 교육과정 이론에 관한 세계적 권위자)가 설명한 교육과정의 다양한 측면을 잠깐 살펴보고자 한다.

조지 포스너는 교육과정을 다섯 가지 수준으로 구분하였다.

- **공식적 교육과정**은 목표, 내용, 방법, 절차 등을 포함한 기본 교육

계획을 제공하며, 교사의 책무성을 수반한다. 그리고 이것은 공식적인 문서로 기술되어 있다.

- **표면적 교육과정**은 공식적 교육과정 중에서 교사가 실제로 수업 시간에 가르친 내용을 말하며, 운용적 교육과정으로 불리기도 한다.
- **잠재적 교육과정**은 학교가 계획하거나 의도하지 않았으나 학생들이 생활하면서 은연중에 학습한 내용을 말하며, 주변 사회의 규범과 가치관을 포함한다. 이것은 공식적 교육과정보다 더 큰 영향력을 발휘하고 상당히 지속적이며, 공식적 교육과정과 충돌하기도 한다.
- **불포함(null) 교육과정**은 공식적 교육과정에 포함되지 않은 내용 혹은 공식적 교육과정에 포함되어 있더라도 가르치지 않은 내용을 말한다. 그리고 특정한 내용이 공식적 교육과정이나 표면적 교육과정에 포함되지 않은 이유가 고려되어야 한다.
- **방과 후 교육과정**은 정규 수업 시간 이외에 이루어지는 계획적 특별활동을 말한다.

SEL은 오랫동안 잠재적 교육과정으로 여겨져 왔다. 이를테면 교실에서 교사가 "남자는 울어선 안 돼.", "학생들은 항상 단정한 옷차림을 해야 해.", "늘 감사한 마음을 가져야 해." 등과 같은 말을 할 때 학생들 사이에서 은연중에 SEL이 이루어지게 된다. 그리고 모든 학생이 교과학습에 노력을 기울이더라도 이러한 학습에 사회·정서적 측면이 작용하기 때문에 이들의 학습 결과가 똑같을 수는 없다. 만약 SEL이 잠재적 교육과정의 일부로만 남아 있게 된다면 학생들의 학습 격차는 커질 수밖에 없을 것이다.

예컨대 자기 조절 기술을 배운 적이 없거나 이를 제대로 습득하지 못한 학생들은 교과학습에서 소외될 수 있다. 아마도 교사들은 이런 학생들을 '학업에 충실하지 못한 학생' 혹은 '산만한 학생'으로 여길지도 모른다. 사실 학생들이 '배워 본 적이 없는 것'을 습득하지 못했다고 해서 이들을 비난할 수는 없다. 모든 학생이 자기 조절 기술을 배운 경험이 있을 때라야 교사는 이들에게 자기 조절 기술의 효율적 활용 방안을 상기시킬 수 있기 때문이다. 이와 관련하여 포스너는 다음과 같이 기술하고 있다.

> "학생들에게 일어나는 모든 일은 이들의 삶에 영향을 끼친다. 따라서 교육과정은 학교 안팎에서 학생들을 위해 계획할 수 있는 것뿐만 아니라 이들 개개인이 마주치는 새로운 상황의 예상치 못한 결과까지도 고려해야 한다. 그리고 주어진 학습 상황의 결과는 학생들이 공식적으로 학습한 내용이나 방법을 포함할 뿐만 아니라 이들 사이에서 비공식적으로 형성된 생각, 감정, 행동 성향 등도 포함한다. 특히 학생들 각 개인은 어떤 식으로든 서로 다른 점을 갖고 있기에 똑같은 상황을 똑같은 방식으로 경험할 수는 없다."

요컨대 SEL이 공식적 교육과정의 한 요소로 인정된다면 교사는 교실에서 공개적으로 SEL을 실현할 수 있을 것이다. 이는 SEL이 교육과정을 둘러싼 주된 논의의 대상이 될 수 있음을 의미하기도 한다. 아마도 시간이 지남에 따라 SEL은 학교 교육의 중요한 부분으로 평가받으면서 계속 진화할 것이다.

긍정적인 학교생활을 촉진하는 SEL

교사는 학생들에게 이들이 직면하는 선택과 문제에 관해 현명한 결정을 내리는 방법을 가르쳐야 한다. 풍부한 내용 지식을 갖고 있으나 사회적 기술이나 문제 해결력이 부족한 학생들은 주변 상황에 휘둘리는 경우가 많다. 반면에 자신의 행동을 인지하고 그 결과를 예측하는 학생들은 소신 있게 현명한 결정을 내릴 가능성을 지니고 있다.

수학 성적이 우수한 다섯 명의 고3 학생들을 예로 들어 보겠다. 이들은 학교의 후원을 받아 수학경시대회에 참가할 수 있게 되었다. 유감스럽게도 이들은 대회 전날에 긴장을 푼다는 명목으로 함께 모여서 술을 마시고 소란을 피우다가 경찰에 적발되었다. 이 학생들은 술을 마실 것인지 말 것인지, 선택의 순간에 어수선하고 들뜬 분위기에 휘말려 이성적인 생각을 하지 못했다. 이들은 자신의 선택이 잘못된 것이라는 걸 알고 후회했지만 늦은 감이 있어 안타까웠다. 이 사건은 선택과 결정에는 반드시 그 결과가 뒤따른다는 걸 새삼 깨닫게 해준다. 사실 학생들은 교과 학습만으로는 이들이 직면하는 현실 세계의 도전에 제대로 대처할 수가 없다. 학생들은 자신의 행동 결과를 예측하고 올바른 결정을 내리는 사회·정서적 기술을 습득할 필요가 있다.

사회·정서적 학습(SEL)은 학생들이 갈등이나 어려움에서 벗어나도록 돕는 방법일 뿐만 아니라 다양한 상황에 적용할 수 있는 삶의 기술— 예컨대 한 집단에서 협력적으로 일하는 방법, 다른 사람들과 다툼 없이 잘 지내는 방법, 자신의 감정을 조절하는 방법, 직면한 문제를 지혜롭게 해결하는 방법 등 —을 개발하는 방법이기도 하다. 교사가 학생들에게 바라는 것 중 하나는 이들이 문제 해결력을 키웠으면 하는 것이다. 이를 위해서 학생들은 자신이 직면한 도전이나 문제─ 교과학습에 관한 것이든 사회·정서적인 것에 관한 것이든 간에 ─를 식별하고 분석할 필요가 있으며, 교사는 학생들이 다양한 도전이나 문제를 해결할 수 있도록 이들에게 적절한 도구를 제공해야 한다. 이러한 필요에 따라 이 책은 전반에 걸쳐서 자율성과 문제 해결력을 지닌 학생을 키우는 데 필요한 여러 가지 계획이나 방법을 제시한다.

사실 대부분 학교가 특정한 프로그램을 통해서만 학생들에게 SEL 기회를 제공하는 실정이며, 단순히 보충 프로그램만으로도 이들의 사회·정서적 기술을 발달시킬 수 있다는 주장도 있다. 또 방과 후 과외활동을 통해 학생들에게 SEL 기회를 제공하는 것만으로도 이들의 사회·정서적 기술을 발달시키는 데 충분하다는 주장도 있다. 하지만 더욱더 중요하고 절실한 것은 학교 차원에서 SEL의 원리와 프로그램을 도입하고 이를 학교 교육의 중심축으로 삼으려는 노력이다. 요컨대 SEL의 지속적인 교육효과를 위해서 SEL은 교육과정의 주변부가 아니라 교육과정의 중심부에 위치되어야 한다. 달리 말하면 SEL은 공식적 교육과정의 일부로 통합되어야 한다는 것이다.

SEL을 공식적 교육과정의 일부로 정착시키는 데는 교사의 역할─ 학생들의 사회·정서적 기술을 발달시키려는 의도적 노력 ─이 중요하다. 그 이유는 교사들이 이미 잠재적 교육과정을 통해 학생들과 함께 SEL을 실현하고 있기 때문이며, 또한 성공적인 학업을 위해 사회·정서적 기술을 배워야 할 학생들이 많기 때문이기도 하다.

더랙(Durlak) 등은 213편의 SEL 프로그램— 참여한 학생 수는 유·초·중·고 학생 270,034명임 —에 대한 메타 분석을 통해 '교실에서 교사가 학생들에게 SEL 프로그램을 적용한 것은 매우 효과적이었다'는 결과를 도출하였다. 실제로 SEL 프로그램의 적용은 아래의 6가지 요인 모두에서 통계적으로 유의미하였다.

① **사회·정서적 기술**(효과 크기= .62) 이 요인은 사회적 단서로부터 감정 식별하기, 목표 설정, 타인의 관점 이해하기, 대인 관계상의 문제해결, 갈등 해결, 의사 결정 등을 포함하고 있다.

② **자신과 타인에 대한 태도**(효과 크기= .23) 이 요인은 자기 지각[예: 자존감, 자기 개념 및 자기 효능감), 학교 유대감(예: 교사와 학교에 대한 태도), 사회적 신념(예: 이타심, 사회 정의, 약물 사용 등에 대한 관습적 신념) 등을 포함하고 있다.

③ **친사회적 행동**(효과 크기= .26) 이 요인은 타인과의 친화력을 포함하고 있다.

④ **행동 문제**(효과 크기= .20) 이 요인은 다양한 문제 행동(예: 수업방해, 규칙 위반, 폭행, 언어폭력, 무단결석, 범죄 행위 등)을 포함하고 있다.

⑤ **정서적 고통**(효과 크기= .25) 이 요인은 우울증, 불안, 스트레스,

---

* Effect size: 이 값이 0은 효과가 없음을 의미하고, +값은 그 값이 클수록 효과가 높으며, −값은 그 반대이다.

사회적 위축 등과 같은 심적 건강 문제를 포함하고 있다.

⑥ **학업 성취**(효과 크기= .34). 이 요인은 표준화 시험 점수와 수행평가 점수를 포함하고 있다.

앞의 효과 크기는 SEL 프로그램 적용이 6가지의 각 요인에 끼치는 영향의 정도를 말한다. 이를 보면 학생들에게 SEL 프로그램을 적용하는 것은 무엇보다 사회·정서적 기술을 습득하는 데 큰 영향(효과 크기= .62)을 끼친다는 걸 알 수 있다. 즉 교실에서 교사가 학생들에게 사회·정서적 기술을 가르치면 이들 대부분은 이러한 기술을 습득하고 사용할 능력을 발달시킬 수 있다는 것이다. 이뿐만 아니라 SEL 프로그램의 적용은 학생들의 삶의 다른 측면, 즉 사회·정서적 기술을 제외한 나머지 5가지 요인— 자신과 타인에 대한 태도, 친사회적 행동, 행동 문제, 정서적 고통, 학업 성취 —에 대해서도 간접적이지만 긍정적인 영향을 끼치고 있다. 이처럼 SEL 프로그램의 적용, 즉 학생들에게 사회·정서적 기술을 가르치는 것은 학교 교육의 중요한 부분이 될 수 있다.

만약에 교사가 학생들의 심적 건강 문제를 해결하는 데 중요한 역할을 할 수 있다면 이보다 가치 있는 일은 없을 것이다. SEL을 통해 변화한 정아라는 한 학생의 사례를 살펴보자.

정아는 사회적 위축감과 불안감에 시달렸으며, 친구가 거의 없고 그 어떤 형태의 사회적 모임에도 참여하지 않았다. 그녀는 일주일에 두 번은 정신과 의사를 만났고 일주일에 세 번은 학교 상담사를 만났다. 이들은 정아가 사회적 위축감과 불안감에서 벗어날 수 있도록 도움을 주었다. 정아는 무사히 중학교에 입학하게 되었다. 다행히도 중학교 교사들은 SEL 관련 전문가들의 조언을 적극적으로 수용하였고, 자신의 수업 시간에 SEL을 실현하면서 학생들의 사회·정서적 욕구를 충족시키려고 하였다. 중학교 교사들의 노력 덕분에 정아는 모든 면에서 많은 발전을 이루었다. 그녀는 영어 수업 시간에 학생들 앞에서 발표하였고 과학 프로젝트를 완성했으며, 학교 축제에 참석하였다. 그녀는 일기장에 "아이들과 어울려서 이야기를 나누는 것이 정말 즐겁다"라는 글을 남겼다.

한편 교사가 학생들의 행동 문제를 줄이는 데 중요한 역할을 할 수 있다면 어떨까? 아마도 수업 방해, 규칙 위반, 폭행, 언어폭력, 무단결석, 범죄 행위 등과 같은 문제 행동의 감소는 모든 사람으로부터 환영받을 것이다. 학생들에게 자신의 행동 결과에 대한 경각심을 불러일으키는 것도 중요하지만 더욱더 중요한 것은 자신의 행동을 조절하는 방법을 포함한 SEL을 실현하는 것이다. 이는 장기적으로 학생들에게 유익하다. 이 사례로 민수라는 학생을 들어 보겠다.

민수는 항상 과제를 게을리하고 수업을 방해했으며, 중학교 생활 내내 이런저런 징계를 받기 일쑤였다. 그의 어머니는 담임 교사에게 "아들 문제로 전화하지 마세요. 아들을 정학시키면 그대로 따를게요"라고 말한 적도 있다. 담임 교사가 민수로부터 좌절감을 느낀 만큼이나 민수 어머니 역시 좌절감을 느꼈다. 다행히도 고등학교에 입학한 민수는 장기적으로 SEL을 실현하고 있는 교사들을 만나게 되었으며, 이들은 그의 문제 행동을 방관하지 않았다. 교사들은 민수에게 '그의 행동이 수업에 끼친 부정적 영향'에 대해 분명히 말해 주었다. 그리고 교사들은 수업 시간에 다양한 문제— 학습 환경, 교실 질서, 수업 방해, 학습 태도 등 —에 대한 모둠별 토론을 자주 활용하였다. 이뿐만 아니라 교사들은 자신의 학생들에게 문제 학생의 행동을 다루고 있는 여러 가지 책을 소개해 주고 읽어 볼 것을 적극적으로 권장하였다. 또 이들은 알맞은 목소리의 크기, 교실에 들어갈 때의 적절한 방법, 수업 시간에 가져야 할 마음가짐 등과 같은 기대 행동을 명확히 설정하고 학생들이 이를 실천할 수 있도록 도움을 주었다.

고등학교 1학년 중반에 들어서자 민수는 학교생활 전반에 걸쳐서 문제 행동을 일으키지 않으려고 노력하였다. 이러한 변화에 관해 물었을 때 민수는 "이제 나는 좀 더 긍정적인 관심을 받게 되었어요. 우리 학교 선생님들이 좋아졌어요. 앞으로 선생님들을 힘들게 하는 행동을 하지 않을 거예요"라고 말하였다. 고등학교 2학년이 되었을 때 민수는 대부분의 수업 시간에 주의를 기울이고 학습활동에 적극적으로 참여하였다. 물론 민수의 여자친구가 그에게 이별을 선언했을 때 그의 수업 태도가 엉망이 된 적도 있었다. 이때 담임 교사는 민수를 질책하기보다 자상하게 "무슨 일이 있구나. 네가 이런 행동을 하게 된 이유를 말해 줄래?"라고 말하였다. 민수는 담임 교사에게 자신이 겪은 마음의 상처를 보여주었고, 이들은 함께 치유책을 찾아보기로 하였다.

민수는 고등학교 3학년이 되었을 때 완전히 딴사람이 되어 있었다. 아무도 그가 예전에 문제 학생이었다는 걸 믿지 않을 정도였다. 그는 친구들과 잘 어울렸고 아르바이트를 하기도 하였다. 고등학교 3학년을 마칠 무렵에 그는 "내가 주변 사람들에게 보답할 수 있는 길은 바로 이거야." 라고 말하면서 경찰 간부 후보생 모집에 지원하였다. 민수의 행동은 가정에서도 많이 달라졌다. 그의 어머니는 "예전에 민수는 여동생과 사이가 좋지 않았는데 지금은 그렇지 않아. 민수가 내 곁에 있어서 너무 좋아"라고 말할 정도가 되었다.

정아와 민수 사례는 우리에게 다음과 같은 교훈을 전해준다.

'교사가 학생들에게 사회·정서적 기술을 가르치는 것은 이들의 삶을 긍정적인 방향으로 이끄는 것이나 다름없다.'

학교에서의 SEL 정착은 의도적인 노력의 결과이다

사회·정서적 학습(SEL)은 '서로에게 친절하고 수업 시간에 협조적이며 시민적 참여 태도를 지닌' 학생을 키우는 일 그 이상이다. 즉 SEL은 학생들의 삶 전체와 관련되어 있다.

복잡한 사회 환경을 헤쳐나가는 데 필요한 의사소통 기술과 자기 조절 기술이 결핍된 학생들은 피해자나 가해자가 되기 쉽다. 이런 학생들은 종종 학교생활과 사회생활에서 소외되기도 하고 동정심, 수치심, 굴욕감, 징계 등에 시달리기도 한다. 이에 따라 학교가 학생들의 사회·정서적 기술을 발달시키는 데 적합한 제도적 방안을 마련하고 이를 꾸준히 실천하는 것은 아주 중요하다. 이렇게 될 때 학생들은 시공간의 제약을 받지 않고서도 자신의 생활 전반에 걸쳐서 사회·정서적 기술을 배우고 이를 활용할 수 있게 된다.

'몇몇 학생들의 문제 행동에는 교사가 통제할 수 없는 요인이 작용하기 때문에 교사의 노력에는 한계가 있을 수밖에 없다'라고 교사들은 말하곤 한다. 확실히 가난, 방치, 학대, 무관심 등과 같은 요인은 학생들의 학습과 행동에 부정적인 영향을 끼친다. 하지만 이것이 교사의 무기력감을 합리화할 수는 없다. 교사들은 얼마든지 이러한 요인의 실체를 파악하고 이에 대응하기 위한 노력을 할 수 있다. 이러한 노력 중 하나가 바로 학생들에게 SEL을 적용하는 것이다. 예컨대 교실에서 성차별적인 발언을 하는 학생이 있다고 가정해 보자. 이 학생의 발언이 학교의 영향이 아니라 가정의 영향으로부터 비롯되었다고 해서 그냥 방관만 할 것인가? 교사라면 직접 가정적인 요인을 제거할 수는 없을지라도 최소한 이 학생에게 다양성의 가치와 다름에 대한 존중심을 일깨워 줄 수는 있어야 한다.

학교 교육과정과 학교 정책에 SEL을 성공적으로 정착시킨 학교는 우연히 주어진 것이 아니라 무한한 노력의 결과이다. 아마도 이런 학교의 교직원과 학부모는 SEL을 실현하는 데 필요한 조건을 마련하거나 당면 문제를 해결하기 위해 서로 협력했을 것이며, 특히 학생들의 본보기가 될 수 있도록 스스로 사회·정서적 역량을 기르는 데 노력을 기울였을 것이다.

통합적인 SEL의 다섯 가지 범주

다시 한번 강조하건대, 만약 교사로서 학생들이 진심으로 학습하길 바란다면, 이들의 학습을 위한 조력자가 되고자 한다면, 그리고 적절한 학습 목표는 주요 교과 내용의 숙달 그 이상이어야 한다고 믿는다면, 교사는 교실에서 기꺼이 SEL을 실현할 수 있어야 한다.

민간 교육업체에서 출시된 특정 SEL 프로그램의 장점에 관한 논의는 상당한 의미를 지니고 있을지라도 이 책의 의도는 특정한 SEL 프로그램을 다루려는 것이 아니다. 중요한 문제는 '어떤 프로그램을 사용할 것인가'가 아니라 '교사가 자신의 수업에 SEL의 원리를 어떻게 접목할 것인가'이다.

이 책에서 다루고 있는 '통합적인 SEL(Integrated SEL)'은 학교·학년 수준의 교육과정을 적용받고 있는 일반 학생들을 대상으로 한다. 물론 심적 외상을 경험한 학생, 심각한 장애를 지닌 학생, 정신 건강 문제를 지닌 학생 등과 같이 좀 더 집중적인 도움이나 치료가 필요한 학생들이 있을 수 있다. 이런 학생들은 당연히 관련 전문가의 특별 지원을 받아야 한다.

이 책에서는 교사가 학생들의 사회·정서적 발달을 꾀하기 위해 사용할 수 있는 여러 가지 방안이나 SEL 적용 사례를 제시할 것이다. 따라서 교육과정과 교과수업에 SEL을 통합하는 것이 본질적이라 생각하며, 일주일에 한 번씩 형식적으로 치러지는 행사처럼 아무런 피드백 없이 '시간 때우기'식으로 SEL을 다루는 수업에는 반대한다. 상품화된 SEL 프로그램을 이용하든 학교 자체에서 개발한 프로그램을 이용하든 간에 SEL을 꾸준히 실현하기 위해 교사는 교과수업을 최대한 활용해야 하며, 학교는 행·재정적으로 광범위한 지원책을 마련해야 한다.

이 책에서는 통합적인 SEL을 다섯 가지의 광범위한 범주(도표 1.1 참조)로 구분하였으며, 제2장에서 제6장까지 차례대로 이를 심층적으로 논의하고 탐구할 것이다.

〈도표 1.1〉

Integrated SEL(통합적인 SEL)

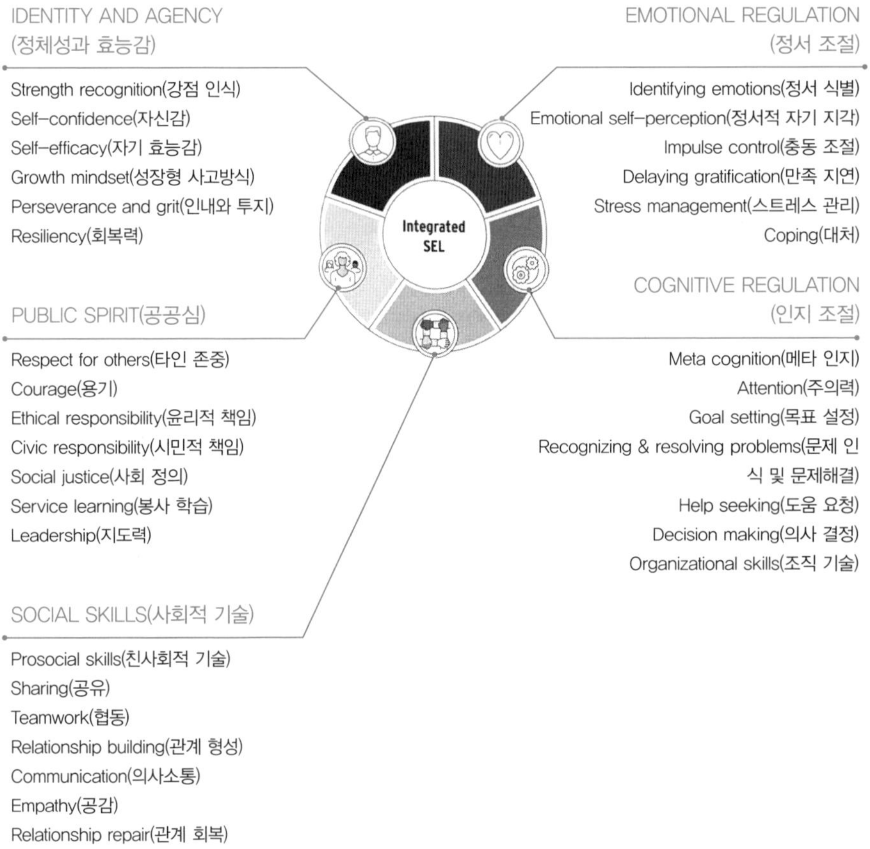

1) 정체성과 효능감

어린이와 청소년의 정체성은 학교 안팎의 경험을 포함한 수많은 요인에 의해 형성된다. 이들의 효능감— 주변 세계에 영향을 미칠 수 있다고 믿는 신념 혹은 특정한 상황에서 적절한 행동을 함으로써 문제를 해결할 수 있다고 믿는 신념 —은 실질적으로 자신의 정체성에 의해 좌우된다. 이들의 정체성과 효능감에 긍정적인 영향을 끼치는 요인은 다음과 같다.

- 자신의 강점에 대한 인식
- 뭔가 새로운 것을 시도하려는 자신감
- 자기 효능감 또는 자기 자신에 대한 확신
- 인내와 투지에 의해 형성된 성장형 사고방식
- 좌절을 극복할 수 있는 회복력

2) 정서 조절

학생들은 '자신의 감정을 얼마나 잘 조절하느냐'에 따라 어른과 또래로부터 좋은 평판을 받을 수도 있고 나쁜 평판을 받을 수도 있다. 자신의 정서 혹은 감정을 조절하지 못하는 학생들은 타인과의 건전한 관계를 형성하고 유지하는 데 어려움을 겪을 수 있다. 정서 조절에 도움이 되는 기술은 다음과 같다.

- 정서를 식별하고 표현할 수 있는 능력

- 타인의 정서를 식별하기 위한 첫 단계로서 자기 자신의 정서적 상태를 정확하게 지각할 수 있는 능력
- 만족을 지연하고 충동을 조절할 수 있는 능력
- 스트레스를 인식하고 관리할 수 있는 능력
- 적응형 대처 기술을 사용할 수 있는 능력

3) 인지 조절

학습은 저절로 일어나는 것도 아니고 수동적인 것도 아니다. 학생들이 지식과 기술을 습득하기 위해서는 특정한 습관과 기질이 필요하다. 인지 조절은 학생들의 교과학습과 직접적인 관련이 있으며, 다음과 같은 기술을 포함하고 있다.

- 메타 인지
- 주의 집중
- 목표 설정, 목표 실행 및 실행 검토
- 문제 인식 및 문제해결
- 의사 결정
- 도움 요청
- 조직 기술

4) 사회적 기술

유대관계는 생산적이고 긍정적인 협력을 가능하게 하며, 학교 안팎에서 이루어지는 효과적인 상호작용의 기초가 된다. 학생들은 관계를 '형성하고 유지하며 개선할 수 있는' 수단이나 방법을 갖추어야 하며, 이를 위해서는 의미 있는 어른의 안내와 지도가 꼭 필요하다. 요컨대 학생들은 다음과 같은 기술을 배우고 익힐 기회를 지녀야 한다.

- 친사회적 기술
- 공유
- 협력
- 관계 형성
- 효과적인 의사소통
- 공감의 표현 및 공감 능력 개발
- 관계 회복

5) 공공심

통합적인 SEL 모형의 마지막 요소인 공공심은 민주적인 삶의 방식을 위한 기초이며, 사람들이 공정하게 평가되고 대우받는 사회 구조를 형성하고 유지하는 데 필수적이다. 사람들이 자신이 속한 사회나 공동체를 지지하고 지원하려고 할 때 공공심은 한층 더 발현된다. 학생들의 공공심을 형성하는 데 도움이 되는 주요 개념은 다음과 같다.

- 타인 존중
- 용기
- 윤리적 책임 인식
- 시민적 책임 인식
- 사회 정의 실현을 통한 시민의 삶의 개선
- 봉사 학습
- 지도력

마무리

모든 학습은 사회·정서적이며, SEL 모형에 제시된 여러 가지 기술이 학교의 잠재적 교육과정으로서 비의도적으로 취급되어 오긴 했으나 교사들은 지금까지 의식적이든 무의식적이든 간에 이러한 기술을 가르쳐 왔다. 그리고 교사들의 다양한 측면— 행동 성향, 사용 언어, 소중히 여기는 가치, 선택한 수업 주제, 우선시하는 특정 기술 등 —은 학생들의 사고방식, 자아상, 타인과의 소통방식, 의사표현방식, 사회·정서적 역량 등에 영향을 끼친다. 특히 학생들의 사회·정서적 발달은 부가적인 것이 될 수 없을 정도로 너무나 중요하다.

교사는 학생들의 학업적 발달과 사회·정서적 발달에 중요한 역할과 책임을 지니고 있다. 교사의 가르침을 받은 학생들이 자신의 포부를 실현하고 사회의 의미 있는 구성원이 될 수 있다면, 교사에게 이보다 더 가치 있는 일이 있을까?

정체성과 효능감

먼저 어느 교실의 상황을 얘기해 보자.

윤지 앞에는 풀어야 할 수학 문제— 여러 가지 복잡한 단어, 숫자, 기호 등으로 구성되어 있음 —가 놓여 있다. 그녀는 예전에도 이런 유형의 문제를 풀어본 적이 있다. 그녀의 담임 교사는 학생들이 복합적인 생각을 할 수 있도록 문장 형식의 수학 과제를 자주 내곤 한다. 그는 자신의 학생들이 이러한 수학 과제를 통해 인내력을 기르고 자기 효능감을 높이길 바라고 있다. 또 그는 자신의 학생들이 학습자로서의 긍정적인 정체성을 지니길 원하고 있다. 인내력, 자기 효능감, 긍정적인 정체성 등은 삶의 중요한 기술이 된다고 판단하기 때문이다.

강점 인식 | 자신감
자기 효능감 | 성장형 사고방식
인내와 투지 | 회복력

윤지는 자기 책상 앞에 놓인 어려운 문제를 바라보면서 잠시 망설이다가 문제지를 뒤집고 눈을 감은 채 심호흡을 하였다. 얼마 후 눈을 뜨고 문제지를 원래대로 뒤집어서 문제를 다시 읽었다. 하지만 문제해결의 단서를 찾지 못하였다. 결국 윤지는 다른 학생들처럼 친구들과 선생님의 도움을 받으려 혼잣말을 하였다. 윤지는 부드러운 말투로 말하였다.

"나는 수학 문제를 읽고 나면 스트레스를 받는단 말이야. 도저히 그 문제를 풀 수 없을 것 같다는 생각에 불안감이 들어(잠시 말을 중단하고 심호흡을 함). 실망한 엄마의 모습을 떠올리면 실패감과 수치심마저 느끼게 된단 말이야."

그녀의 말을 들은 민지는 몸을 숙인 채 말하였다.

"문제지를 덮고 그 문제를 시각화해 보렴. 그리고 그 문제를 해결할 단서에 대해 곰곰이 생각해 봐."

윤지는 민지가 말한 대로 문제지를 덮고 눈을 감았다. 그리고 그녀는 자신의 관자놀이에 집게손가락을 올려놓고(깊이 생각하고 있으니 선생님의 도움이 필요하지 않다는 신호) 그 문제를 머릿속에 생생히 떠올렸다.

윤지는 눈을 뜨고 말하였다.

"우선 둘레의 길이를 파악해야 할 것 같아. 둘레의 길이를 알면 인도의 길이를 얼마로 할지와 수영장이 차지할 공간을 얼마로 할지를 결정할 수 있을 거야."

윤지는 문제지를 똑바로 펴서 그 문제를 다시 읽어 보았다. 그다음 문제의 특정 문장에 밑줄을 긋거나 동그라미를 치고 자기 생각을 간단히 기록하였다. 끝으로 문제해결을 나타내는 그림을 그리고 설명을 덧붙였다. 문제를 다 풀고 난 윤지는 희열감을 느끼면서 민지에게 말하였다.

"정말 고마워. 너는 내가 알고 있는 것과 내가 할 수 있는 것을 일깨워 주었어. 이것이 바로 나에게 필요했던 거야."

◆ ◆ ◆

한 개인의 정체성과 효능감은 그 사람의 정서적 삶의 토대가 된다. '인간으로서 우리가 자기 자신을 어떻게 인식하는지'와 '주변 세계에 끼칠 자신의 영향력에 대한 믿음'은 삶 전체에 영향을 끼친다.

정체성과 효능감은 비교적 안정적일 수도 있고 불안정할 수도 있으며, 주변 상황과 주변 사람들에 의해 긍정적인 영향을 받을 수도 있고 부정적인 영향을 받을 수도 있다. 학생들의 정체성과 효능감은 교사의 말과 행동— 의도적이든 비의도적이든 간에 —에 의해 형성된다. 그런 만큼 교사가 학생들의 정체성과 효능감을 발달시키는 데에 노력을 기울이는 것은 상당히 의미 있는 일이다. 정체성과 효능감이 학생들의 학습과 성취의 기초가 되기 때문이다. 이를테면 자신감이 없는 학생들은 지적인 도전을 시도할 엄두를 내지 못하며, 효능감이 떨어지는 학생들은 자신의 학습성과를 개선하기 위해 자기가 할 수 있는 일이 있다는 것을 헤아리지 못한다. 요컨대 학생들의 정체성과 효능감의 발달은 이들의 학습과 학업성취에 긍정적인 영향을 끼친다.

정체성과 효능감이란?

우리 개개인은 주변 세계에 끼칠 자신의 영향력에 대한 믿음과 자기 개념을 지니고 있다. 정체성은 '자기 자신이 누구인지'에 대한 이해이다. 이를테면 정체성은 자신의 고유한 속성이 무엇인지, 타인과의 관계 속에서 자신을 어떻게 지각하는지, 자신의 재능이 무엇인지, 자신의 장점이 무엇인지 등에 대한 이해이다. 그러니까 정체성은 '세상'을 향해 자기 자신에 대해 말하는 것이나 다름없다. 효능감은 주변 세계에 영향을 미칠 수 있다고 믿는 신념, 특정한 상황에서 적절한 행동을 함으로써 문제를 해결할 수 있다고 믿는 신념, 자율적으로 행동할 수 있는 자신의 능력에 대한 믿음 등을 말한다. 이러한 효능감은 자신감과 결부되며, 부정적인 일이나 좌절을 겪었을 때 자기 자신의 회복력을 일깨워 준다. 그리고 정체성과 효능감은 성별, 인종, 경험, 문화, 사회경제적 지위 등과 같은 다양한 요인에 의해 영향을 받는다.

앞에서 언급했듯이 정체성은 고정적이지 않다. 이것은 평생에 걸쳐서 끊임없이 형성되고 재정립되길 반복한다. 각 개인의 다양한 경험과 그 경험을 어떻게 지각하느냐는 그 사람의 정체성에 깊은 영향을 끼친다. 이를테면 학대로 인해 심적인 충격을 경험한 사람이 자신을 학대의 희생자로 보느냐, 아니면 학대를 이겨낸 생존자로 보느냐에 따라 그 사람의 정체성이 바뀔 수 있다는 것이다. 각 개인의 정체성은 타인과의 상호작용에 의해서도 영향을 받는다. 즉 자신에 대한 타인의 평가, 타인의 관점, 타인의 말 등에 주의를 기울임으로써 자기 개념을 형성하기도 하는 것이다. 그러니까 학교에서의 경험, 교사, 또래, 가족 등은 학생 개인의 정체성 형성에 영향을 끼친다.

교사의 말과 행동은 학생들이 자신의 정체성을 어떻게 형성하는지와 상당한 관련이 있다. 존스턴(Johnston)은 "교사의 말은 학생들이 생산적인 정체성을 형성하는 데 큰 영향을 끼친다"라고 말하였다. 한편 교사는 의식적이든 무의식적이든 간에 학생들의 정체성에 부정적인 영향을 끼칠 수도 있다. 예를 들면 다음과 같은 사례다. 어느 학교의 한 1학년 교사가 학생들을 위해 온라인 독서 프로그램— 읽기 능력을 평가하고 그 수준에 따라 읽기 과제를 제시하는 프로그램, 학생들에게 수준별 독서 기회를 제공한다는 장점이 있음 —을 시연하고 있었다. 유감스럽게도 학생들에게 읽기 과제를 완성하는 방법을 보여주기 위해 이 교사는 학급에서 읽기 수준이 가장 낮은 여학생의 계정으로 로그인하였다. TV 화면은 그 학생의 읽기 수준이 'C'라는 걸 선명하게 보여주었다. 그러자 학급의 학생들은 너나없이 "○○의 읽기 수준이 정말 C란 말이야? 너무 형편없을 정도로 낮다. 정말 ○○가 걱정된다"라고 속삭였다. 읽기 수준이 공개된 그 여학생은 몇 주 동안 온라인 독서 프로그램에 로그인하는 것을 거부하였다. 결과적으로 그 교사의 행동은 한 학생에게 부정적인 정체성— '역시 나의 읽기 수준은 형편없구나 다른 아이들이 이 사실을 알게 되어 수치스러워 미치겠어. 학교에 가기가 무서워.' —을 심어 주었고 또래와의 관계를 훼손시켰다.

효능감은 '행동을 취함으로써 자신의 운명을 개척할 수 있다는 믿음'을 나타내기 때문에 필연적으로 정체성과 결부되어 있다. 정체성과 마찬가지로 효능감은 사회적으로 형성된다. 한 개인의 사회적 자본— 가족, 친구,

학교, 지역사회 등과 맺고 있는 사회적 관계 —은 그 사람의 효능감에 영향을 끼친다. 풍부한 사회적 자본을 지닌 학생들은 심리·정서적으로 안정감을 느끼고 자율적으로 행동하는 성향이 강하며, 교실에서 왕성한 호기심을 보이고 지적인 도전을 서슴지 않는다. 반면에 사회적 자본이 결핍된 학생들은 불안정감을 느끼고 무모한 행동을 하거나 무기력감에 빠지는 경우가 많다. 이들은 효능감을 느끼지 못한 채 스스로 분노하거나 책임을 회피하고 타인을 비난하기도 한다. 하지만 다행히도 좋은 소식이 있다. 교사는 학생들에게 긍정적인 행동과 훌륭한 성과를 위한 방법을 가르침으로써 이들의 효능감을 높일 수 있다는 사실이다.

동수라는 고등학교 1학년 학생을 예로 들어 보겠다. 그는 학업성적이 좋지 않았고 자신을 다른 학생들과 비교해서 열등감에 빠지는 경우가 많았다. 그는 자신을 우매하고 무능력하다고 여겼기 때문에 교실에서 힘겨운 일과 마주치면 쉽게 포기하기도 하였다. 동수가 중학교 3학년 때 담임 교사는 그의 통지표에 '게으르고 무기력해 보이는 학생'이라고 기록하였다. 그러나 동수가 새로운 학교— 많은 교사가 교실에서 사회·정서적 학습을 실현하는 학교 —에 입학하면서부터 상황은 바뀌었다.

수업 시간에 동수는 영어 교사가 나누어준 읽기 유인물— 조지 오웰의 『동물농장』의 일부가 실려 있음 —을 읽다가 책상에 엎드렸다. 영어 교사는 동수에게 조용히 다가가서 "무슨 문제라도 있니?"라고 물었다. 동수는 꾸밈없이 솔직하게 말했다.

"그냥 어려워요. 글을 읽는 건 좋은데, 내가 모르는 단어가 너무 많아요. 오웰이 무슨 말을 하는지 도저히 이해할 수가 없어요. 내가 아무리 애를 써도 이 글을 완전히 이해하진 못할 것 같아요. 할 수 있다는 자신감과 의욕이 사라졌어요."

영어 교사는 어려운 과제가 '긍정적인 정체성과 효능감'이 결핍된 학생들에게 좌절감을 줄 수도 있다는 점을 잘 알고 있었다. 영어 교사는 동수에게 우호적인 대화를 시도하면서 글에 대한 몇 가지 질문을 하였다.

- 1장과 6장 사이에서 동물들은 어떤 식으로 변했을까?
- 나폴레옹의 권력은 어떻게 강화되었을까?
- 나폴레옹은 왜 다른 동물들에게 스노우볼이 풍차 붕괴 사고에 책임을 져야 한다고 말했을까?
- 나폴레옹은 왜 개들의 보호를 받으려고 했을까?

동수는 이 모든 질문에 대답하였고 대화를 즐기는 것처럼 보였다. 영어 교사는 그에게 "너는 글의 내용에 대해 많이 알고 있는 것 같아. 독재자인 나폴레옹이 권력을 어떻게 사용하는지에 주의를 기울이면 훨씬 더 재미가 있을 거야. 네가 말한 대로 동물농장의 동물들은 나폴레옹에게 충성을 맹세했지"라고 말하였다. 그리고 영어 교사는 동수에게 다음과 같이 제안하였다.

"네가 알고 있는 내용을 활용하면 유인물에 제시된 문제를 충분히 해결할 수 있을 거야. 또 옆의 친구와 협력하면 그 문제를 더 빠르고 쉽게 해결할 수 있을 거야. 어때?"

이같이 영어 교사는 학습적인 측면과 정서적인 측면, 둘 다 고려해서 그에게 도움을 주고자 하였다.

얼마 후에 동수는 "내가 정말 알고 싶었던 것은 '모순'이라는 단어의 의미였어요. 그 단어의 의미를 모르니까 글의 내용을 이해할 수가 없었어요. 솔직히 글을 읽기가 싫어졌고, 읽기 과목에서 낙제할 것 같은 두려움이 들었어요"라고 고백하였다.

교사라면 누구나 동수의 고백에 공감할 것이다. 사실 단어 하나의 의미처럼 지극히 사소한 문제가 효능감이 결핍된 학생들을 좌절시킬 수도 있다. 하지만 동수와 같은 학생들에게 진심 어린 대화를 시도하고 이들의 효능감이 살아나도록 이들의 말에 진심으로 귀를 기울인다면, 분명히 이들은 스스로 다시 학업이라는 배에 올라탈 것이다.

강점 인식

학습 선호도 검사 또는 학습유형 검사가 효과적이라는 증거는 거의 없다. 이를테면 운동 감각형 학습자이냐, 청각 지향적 학습자이냐를 판별하는 것이 학생들을 잘 가르치는 데 더 도움이 되리라는 증거도 없고, 교사가 학생들의 학습유형에 맞춰서 수업을 진행할 때 이들의 학습능률이 높아지리라는 증거도 없다. 그렇다면 교사가 학생들이 자신의 강점을 인식하도록 가르치는 건 어떨까?

학생들에게 다음과 같은 두 가지 질문을 해보자.

(질문 1) 수학 교과에서 네가 가장 어려워하는 내용은 무엇이니?
그리고 너의 약점은 무엇이니?

(질문 2) 수학 교과에서 네가 가장 잘 아는 내용은 무엇이니?
그리고 너의 강점은 무엇이니?

아마도 학생들 대부분이 (질문 1)에 대해서는 장황하게 대답할 것이고, (질문 2)에 대해서는 대답하지 않고 고개만을 갸웃거릴지도 모른다.

경수라는 초등학교 4학년 학생을 예로 들어 보겠다. 경수는 수학 성적이 부진했으며, 다음과 같은 말을 한 적이 있다.

"나는 수학을 잘하지 못해요. 수학에 소질이 없어요. 특히 분수는 너무 어려워요, 아빠는 나에게 실망한 것 같아요."

교사가 경수에게 수학 교과에서 가장 잘 아는 내용이 뭔지 물었을 때, 경수는 어깨를 으쓱하면서 "아무리 생각해도 나는 수학을 잘할 것 같지 않아요. 아는 게 없어요. 다만 컴퓨터 게임을 잘할 뿐이에요"라고 말하였다.

학생들이 자신의 약점이나 부진함을 너무 쉽게 지적할 수 있다는 것은 그리 놀라운 일이 아니다. 대체로 교사와 학부모는 학생(자녀)의 약점이나 학습 결함에 초점을 두는 경향이 있다. 특히 교사들은 '학생들의 결함을 어디에서 어떻게 찾고 이들에게 무엇을 도와줄지'에 많은 주의를 기울여 왔다. 또 교사들은 학생들에게 '실패는 성공의 어머니'라는 교훈을 가르치면서 새로운 학습을 위한 명분으로 이들의 학습 결함을 강조한 것도 사실이다. 하지만 교사는 학생들의 긍정적인 정체성 발달과 효능감을 꾀하기 위해서 이들의 약점이나 결함보다 강점(잘하거나 잘할 수 있는 것)에 초점을 두어야 한다.

학생들의 긍정적인 정체성 발달과 효능감을 꾀하는 데 도움이 되는 한 가지 방법은 피드백이다. 해티와 팀펄리(Hattie & Timperley)는 피드백을 네 가지 유형으로 구분하였다.

- **교정적 피드백:** 학습 수행 결과 또는 응답의 정확성에 대한 피드백이다. 이것은 학습 결함을 지적하는 데 주안점을 두기 때문에 학생들이 자신의 강점을 인식하도록 하는 데 별로 효과적이지 못하다.
- **학습 수행 과정에 대한 피드백:** 학생들의 학습 수행 과정에 초점을 두는 피드백이다. 이것은 학생들이 고군분투, 목표 설정, 계획 수립, 집중력, 인내심, 진취성 등과 같은 자신의 강점을 인식하도록 하는 데 효과적이다. 또 이것은 학생들의 긍정적인 정체성 발달— 예컨대 "다만 나는 이걸 못할 뿐이지 다른 건 잘할 수 있단 말이야!" —에 도움이 된다.
- **자기 조절에 대한 피드백:** 특정한 상황에서 자신의 행동과 감정을 관리하는 능력에 초점을 두는 피드백이다. 이것은 학생들이 자신의 강점을 인식하도록 하는 데 효과적이다. 또 이것은 학생들의 행동, 선택, 반응 등을 바람직한 방향으로 이끌어 가기 때문에 이들의 효능감을 높일 수 있다.
- **인간성에 대한 피드백:** 개인의 인성에 대한 칭찬에 초점을 두는 피드백이다. 이것이 막연한 칭찬— '넌 뭐든지 잘하는구나.' 혹은 '넌 정말 똑똑

하구나.' ―만으로 이루어지면 학생들이 자신의 강점을 인식하도록 하는 데 별로 효과적이지 못하다. 물론 칭찬을 부정하는 것은 아니지만 칭찬과 피드백을 혼동해선 안 된다. 피드백과 달리 막연한 칭찬은 학생들에게 '다음에 무엇을 해야 하는지'와 '특정한 행동이 왜 바람직한지'에 대한 어떠한 정보도 제공하지 못한다.

이 네 가지 유형의 피드백은 학생들의 학습을 위해 사용될 수 있다. 그리고 교사가 적절한 수업환경 속에서 이러한 피드백을 효율적으로 사용하는 것은 기존의 수업에 사회·정서적 학습을 통합하는 하나의 방법이 될 수 있다. 〈도표 2.1〉은 각 유형의 피드백에 대한 사용 예를 제시하고 있으며, 아울러 각 유형의 피드백이 교과학습과 사회·정서적 학습에 미치는 효과성 여부를 요약하고 있다.

학생들이 자신의 강점을 인식하도록 하는 데 도움이 되는 또 다른 방법이 있다. 김○○이라는 초등학교 1학년 교사를 예로 들어 보겠다. 그녀는 자신의 학생들 모두에게 학습자료 관리, 모둠장, 배식, 유인물 배부, 청소 등과 같은 역할을 나누어 준다(3주마다 그 역할이 바뀜). 그리고 3주 후에 그녀는 학생들과 함께 역할수행에 대해 진지한 대화를 나눈다. 그 결과에 대한 그녀의 얘기는 너무나 인상적이다.

"나는 학생들이 자기가 정말로 잘하는 것과 정말로 노력해야 할 것을 인식했으면 좋겠어요. 나는 이들이 자신의 역할을 충분히 이해하고 수행한 것에 대해 자랑스러움을 느껴요. 진심으로 나는 학생들이 앞으로도 계속 자기 자신을 지지하고 자신의 강점을 인식할 수 있도록 돕고 싶어요."

〈도표 2.1〉

피드백의 유형과 그 효과성 여부

피드백의 유형	사용 예	효과성 여부
교정적 피드백	"교과서를 준비해서 의자에 앉으렴." "네 생각이나 지식을 모둠원과 공유하렴."	교과학습에서의 오류를 바로잡거나 잘못된 학습 태도를 고칠 때 효과적이다. 하지만 학습자의 지식이나 기술이 빈약할 때에는 비효과적이다. 문제 행동을 수정할 때에도 비효과적이다.
학습 수행 과정에 대한 피드백	"난 네가 게으름을 피우지 않고 12분 동안 과제 해결에 집중했다는 걸 알고 있어." "네가 능동적인 경청을 하고 있을 때 효과적인 학습이 이루어졌다는 걸 알고 있니?"	학습자의 인지적 사고와 메타인지적 사고를 유발할 때 매우 효과적이다.
자기 조절에 대한 피드백	"난 네가 모둠원 때문에 실망한 걸 알고 있어. 하지만 너는 모둠원에게 적절한 피드백을 해 주었어. 너의 피드백 덕분에 모둠원 모두가 자기 역할을 제대로 하기 시작했어." "난 네가 과학실에서 너 자신의 아이디어에 대해 매우 자랑스럽게 여겼다는 걸 알고 있어. 그리고 너는 모둠원 각자가 자신의 아이디어를 발표할 수 있도록 배려를 했어. 너는 이들보다 이해력이 뛰어나도 결코 지배적이지 않았어. 넌 항상 이들이 과제를 해결할 때까지 기다려주었어."	학습자가 자신의 능력, 행동, 지식 등을 스스로 평가하도록 할 때 매우 효과적이다.
인간성에 대한 피드백	"잘했어." "넌 멋진 학생이야."	막연한 칭찬일 때에는 비효과적이다. 막연한 칭찬은 행동이나 학습에 대한 어떠한 정보도 제공하지 못한다.

학생들이 자신의 강점을 인식하도록 하는 데 노력을 기울인 권○○이라는 초등학교 6학년 교사를 또 다른 예로 들어 보겠다. 그는 학생들이 스스로 자신의 학습을 촉진하거나 평가할 수 있도록 '강점 체크리스트'를 만들어 활용한다. 다음과 같은 것들이다.

- 나는 해답이나 해결책을 알려주지 않고서도 학습 모둠원을 도울 수 있다.
- 나는 읽은 내용을 효과적으로 요약할 수 있다.
- 나는 학습 모둠원이 과제를 완료할 때까지 기다려줄 수 있다.
- 나는 중요한 아이디어와 개념을 효과적으로 설명할 수 있다.
- 나는 학습의 방향을 파악하고 학습 모둠원에게 그 방향을 설명할 수 있다.
- 나는 학습 모둠원의 발언 기회를 보호할 수 있다.

이런 식의 평가 항목을 담은 강점 체크리스트는 학생들의 정체성과 효능감 발달에 도움이 되며, 이들에게 자신의 학습 목표를 추구하고 달성할 동기를 부여한다. 또 그는 학생들이 앞으로 달성하고 싶은 강점을 정하도록 강력한 동기를 부여하고, 각자가 강점 달성 계획을 실현하는 데도 도움을 아끼지 않는다.

또 최 ○○이라는 고등학교 1학년 국어 교사를 예로 들어 보겠다. 그는 항상 단원 평가지 마지막 페이지에 다음과 같은 문제를 제시한다.

'평가지에는 여러분이 학습한 단원의 일부 내용이 빠져 있다. 평가 문제 이외에 여러분이 알고 있는 모든 내용을 적어 보라.'

학생들은 학습한 단원 중에서 자기가 알고 있는 모든 내용을 자유롭게 기술할 수 있으며, 이를 통해 추가 점수를 받을 수도 있다. 이런 과정을 통해 그는 "학생들이 특정 개념을 깊이 이해하고 개념 간의 관련성을 정확히 파악하고 있다는 사실에 놀라지 않을 수 없었다"고 말한다. 그는 매년 자신의 평가 활동이나 평가 문항을 개선하기 위해 학생들이 제시하는 다양한 의견과 정보를 활용하며, 이들의 통찰력을 통해 좀 더 나은 교사로 성장한다고 믿고 있다.

자신감

미국의 유명한 시인인 커밍스(e. e. cummings)는 말했다.

"우리가 우리 자신을 믿는다면 우리는 삶에서 겪는 어떠한 경험도 긍정적으로 받아들일 용기를 낼 수 있다."

교사들은 이 커밍스의 말에 주의를 기울일 필요가 있다. 학생들이 자기 주도적으로 학습을 수행하려면 누구보다 자신을 믿어야 하며, 교사는 학생들이 자신감을 지니도록 도와야 한다.

명수라는 학생을 예로 들어 보겠다. 고등학교 3학년인 그는 항상 자신만만한 것처럼 보였다. 몇몇 학생들은 그가 건방지고 오만하다고 말했으며, 또 다른 몇몇 학생들은 그가 늘 자신의 자랑거리만 늘어놓는다는 이유로 그를 무시하였다. 게다가 명수는 자신의 능력을 과신했으며, 이는 그의 학습에 부정적인 영향을 끼쳤다. 그는 교사를 포함한 다른 사람들에게 관심도 없었고 이들을 이해하려고도 하지 않았다. 그는 급우들보다 학습 시간이 적었고, 특히 학습 의욕이 부족하였다. 자기 과신에 빠진 명수의 행동 결과는 던로스키와 로슨(Dunlosky & Rawson)의 연구 결과와 일치한다. 그들은 연구를 통해 "자기 과신에 빠진 학생들은 타인의 의견이나 조언을 거부하기 때문에 모든 면에서 성취 수준이 낮다"는 걸 확인했다.

한편 자신감이 부족한 학생들은 인내심, 열정, 잠재력 등과 같은 자신의 내면적 역량을 인식하지 못하며, 교사의 조언과 같은 유용한 외적 자원도 활용하지 못한다.

자신감은 표면적 행동으로 드러나기 마련이다(도표 2.2 참조). 진정으로 자신감 있는 사람들은 타인에게 자신의 업적이나 성공을 말할 필요를 느끼지 않는다. 이들은 또한 실수가 배움의 경험이라는 것을 알기 때문에 실수를 기꺼이 인정한다. 이뿐만 아니라 자신감 있는 사람들은 타인의 칭찬이나 비난을 긍정적으로 받아들이고, 자신의 목표를 달성하는데 도움이 되는 내·외적 자원을 정확히 인식하고 이를 적극적으로 활용한다.

〈도표 2.2〉

자신감 있는 행동

자신감 있는 행동	자신감이 부족한 행동
자신이 옳다고 믿는 일을 실천에 옮기는 행동(다른 사람들이 이런 행동을 비난할지라도)	자신에 대한 다른 사람들의 생각이 두려워서 소신 있게 행동하지 못하고 눈치를 보는 행동
합당한 위험이나 도전을 기꺼이 감수하는 행동, 그리고 더 나은 일을 성취하기 위해 노력을 아끼지 않는 행동	실패가 두려워서 합당한 위험이나 도전을 피하고 안일함을 추구하는 행동
자신의 실수를 인정하고 이런 실수로부터 뭔가를 배우는 행동	자신의 실수를 숨기는 행동, 그리고 다른 사람들이 알지 못하도록 자기 잘못을 무마하는 행동
남에게 자신의 업적이나 성공에 대한 축하를 강요하지 않는 행동	가능한 한 많은 사람에게 자주 자신의 업적이나 성공을 떠벌리는 행동
칭찬을 고맙게 받아들이는 행동("고마워. 난 정말 식물 연구를 열심히 했어. 네가 나의 노력을 인정해줘서 기뻐.")	칭찬을 즉석에서 거절하는 행동("아니야. 그 연구는 정말 아무것도 아니야. 누구라도 할 수 있는 거야.")

Source: Adapted with permission from Building Self-Confidence: Preparing Yourself for Success! by MindTools; retrieved from https://www.mindtools.com/selfconf.html

자신감은 회복력— 정서적 학대, 스트레스, 정신적 외상 등을 다루기 위한 보호 요인 —과 관련되어 있으며, 사회의 미래인 어린이와 청소년이 가정, 학교, 사회 등과 같은 다문화적 영역을 잘 헤쳐나가기 위해서는 이러한 자신감이 절대적으로 필요하다.

고려해야 할 한 가지 중요한 문제는 자신감이 어디에서 비롯되는가, 즉 '자신감은 타고나는 것일까, 아니면 후천적으로 학습되는 것일까'에 관한 것이다. 요컨대 한 개인의 자신감은 선천적 요인에 영향을 받을 수도 있으나 무엇보다 사회·환경적 요인에 가장 큰 영향을 받는다. 예를 들면 학생들의 성취 수준을 넘어서는 과잉 칭찬은 학습을 촉진할 수 있는 자신감 형성에 별로 도움이 되지 못한다. 반면에 교사의 효과적인 피드백(도표 2.1 참조)과 적절히 체계화된 학습 과제는 내·외적 자원 활용에 대한 학생들의 자신감을 높이는 데 도움이 된다. 이뿐만 아니라 학생들은 자신을 지지하고 신뢰하는 또래를 통해 자신감을 형성할 수도 있다.

'학생들의 자신감을 키우기 위한 교사의 행위'를 연구한 맥렐런(Maclellan)은 교사들에게 다음과 같이 권고하였다.

- 자기 개념 발달과 지식 개발에 도움이 되는 사회적 학습활동을 통해 학생 참여를 촉진하라.
- 학생들이 자신의 논리를 설명하고 자신의 주장에 대한 해명을 자유롭게 할 수 있는 투의·토론 활동을 계획하라.
- 모든 수업에 자기 조절 활동과 메타인지 활동을 포함하라(제4장 참조).
- 학생들에게 대화 형식의 피드백을 사용하라.

안○○이라는 중학교 교사를 예로 들어 보겠다. 그의 교실 벽에는 엘리

너 루스벨트(Eleanor Roosevelt)의 명언— '아무도 당신의 동의 없이는 당신에게 열등감을 불러일으킬 수 없다.' —이 담긴 액자가 걸려 있다. 그는 종종 학생들이 어렵고 복잡한 과제를 시작하기 전에 이 명언을 언급하곤 한다. 특히 그는 학생들의 자신감을 키우는 활동을 수업 내용에 포함한다. 언젠가 그의 학생들이 '어떻게 하면 모둠별 발표를 할 때 집중해서 경청할 수 있을까?'를 주제로 토의하는 것을 관찰한 적이 있다. 학생들 대부분은 토의에 적극적으로 참여했으며, 교사인 그 또한 토의에 참여하였다. 토의가 끝날 무렵에 그는 "모둠별 발표를 할 때 가장 중요한 것은 발표자의 자신감과 듣는 이의 경청 태도이다. 집중해서 듣고 자신 있게 발표하기 위해 우리가 할 수 있는 일을 찾아보자"라고 말하였다. 그의 수업 방식(학생들의 자신감을 키우는 활동을 수업 내용에 포함함)과 학생들에 대한 그의 격려는 이들의 성장에 직접적인 영향을 끼치는 자신감 형성에 효과적이었다. 그의 학생들은 스스로 자신감이 떨어졌다고 느낄 때마다 자신감을 되찾으려고 노력한다.

학생들의 자신감 수준을 점검하는 것, 의식적이든 무의식적이든 학생들의 자신감을 떨어뜨리지 않도록 사용 언어에 주의를 기울이는 것, 학생들에게 자신감을 형성하고 유지하는 방법을 제공하는 것 등은, 사회·정서적 학습(SEL)을 일상적인 교사의 수업에 통합하기 위한 하나의 노력이 될 수 있다.

자기 효능감

자기 효능감은 특정한 상황에서 자신이 적절한 행동을 함으로써 문제를 해결하고 목표를 달성할 수 있다고 믿는 신념이다. 이것은 자신감에 영향을 끼치는 동시에 자신의 능력이나 성취 수준에 의해 영향을 받는다. 탈스마(Talsma) 등은 자기 효능감과 학업성취 간의 관계를 '닭이 먼저냐 달걀이 먼저냐의 문제, 즉 나를 믿기에 내가 성취하느냐, 내가 성취하기에 나를 믿느냐의 문제'에 비유하기도 하였다.

교사는 어떻게 하면 학생들이 학업 목표를 달성하도록 이들의 자기 효능감에 영향을 끼칠 수 있을까? 자기 효능감의 중요한 요인 중 하나는 자신이 어떤 일을 스스로 할 수 있다는 믿음이다. 그리고 자신과 비슷한 처지에 놓여 있는 누군가가 그 일을 성공적으로 수행하는 것을 보면 이런 믿음이 강화된다. 이를테면 학생들에게 다양한 과제를 성공적으로 수행하는 다른 몇몇 또래 학생들의 모습을 담은 영상을 보여주면서 과제 해결 방법을 제시하는 것은 학생들의 과제 해결과 자기 효능감 발달에 효과적일 수 있다. 예컨대 초등학교 4학년 교사라면 학생들에게 곱셈 학습에 대한 지난해 학생들의 성취 자료와 반성 자료를 보여줌으로써 이들에게 '나도 곱셈을 잘할 수 있겠어'라는 믿음을 심어 줄 수 있다. 또 과학 교사는 창의적인 실험에 몰두하고 있는 학생들의 모습이 담긴 여러 장의 사진을 과학실 벽에 걸어 둘 수도 있다.

교사는 또한 학생들에게 자기 효능감에 관한 메시지를 담고 있는 책—『Amazing Grace(놀라운 소녀 그레이스)』(Hoffman, 1991; 초등학생용), 『Giraffes Can't

Dance(춤을 출 수 없는 기린)』(Andreae, 2012; 유치원생용; 자기가 할 수 있는 일과 자기가 할 수 없는 일에 대한 다른 사람들의 생각을 거부하는 인물들에 관한 이야기), 『The Skin I'm In(나의 피부색)』(Flake, 2007; 중·고등학생용; 폭력과 인종차별에 맞서 싸우면서 자신의 주장을 관철하는 여주인공 이야기) —을 권할 수도 있다.

이뿐만 아니라 교사의 긍정적인 언어 사용 역시 학생들의 자기 효능감 형성에 도움이 된다. 윤○○이라는 고등학교 수학 교사의 말을 인용하면 다음과 같다.

"수업 시간에 나는 학생들에게 가능한 한 지적인 도전 과제를 많이 제시하려고 한다. 이는 학생들의 지적인 호기심과 용기를 일깨우기에 충분하다. 그리고 수학에 대한 자기 효능감이 부족한 몇몇 학생들이 있는데, 이들은 '잘할 수 없어요'라는 부정적인 말을 자주 하곤 한다. 이럴 때마다 '너희들은 다만 지금까지 못 했을 뿐이야. 분명히 너희들은 잘할 수 있는 잠재력을 지니고 있어. 내가 도와줄 테니 용기를 내보자'라는 말을 해 준다."

성장형 사고방식

일반적으로 사고방식은 어떤 일에 대해 누군가가 가지고 있는 마음가짐이나 태도를 의미한다. 예를 들면 누구나 운동에 대한 사고방식을 가지고 있을 것이다. 일부는 운동을 필요악이나 금기 대상으로 여길 수 있고, 또 다른 일부는 운동을 삶의 필수적인 요소로 여길 수 있다. 두말할 것도 없이 행위는 각자의 사고방식에 뿌리를 두고 있다. 운동을 필요악으로 여기는 사람은 운동을 꾸준히 하지만 운동의 즐거움을 만끽하진 못할 것이다. 반면에 운동을 삶의 필수적인 요소로 여기는 사람은 운동 자체를 즐길 뿐만 아니라 운동 목표를 세우고 계획에 따라 목표 달성을 위해 기꺼이 노력할 것이다.

교실 수업에서 학생들이 지닌 사고방식은 이들의 학습과 밀접한 관련이 있을 뿐만 아니라 이들 자신의 정체성과 효능감의 표출이기도 하다. 2006년에 출간된 캐럴 드웩(Carol Dweck)의 『Mindset(사고방식)』은 '고착형 사고방식과 성장형 사고방식'이라는 개념으로 널리 알려진 책이다. 드웩에 따르면 고착형 사고방식을 가진 사람들은 지능과 재능을 포함한 자신의 기본적인 자질이 불변적이라고 믿고 있다. 이들은 타고난 재능이 성공을 보장한다고 믿기에 새로운 어떤 것을 습득하는 데 수반되는 노력을 과소평가하고 무시한다. 이들은 이루고자 하는 것을 달성하지 못하면 쉽게 포기한다. 이뿐만 아니라 이들은 '내가 성공할까 실패할까?', '내가 똑똑해 보일까 멍청해 보일까?', '내가 승낙을 받을까 거절당할까?', '내가 승자가 될까 패자가 될까?' 등과 같은 의구심을 지닌 채 특정한 상황에 직면한다. 당연한 말이지만 자기 자신에 대한 의구심은 자신감을 떨어뜨리고 타인과의 부정적 비교를 초래한다.

반면에 성장형 사고방식을 가진 사람들은 자신의 능력이 끊임없는 노력과 헌신을 통해 발전될 수 있다고 믿는다(도표 2.3 참조). 이들은 실패를 자신의 지능이나 재능의 결핍으로 여기지 않고 극복해야 할 일시적 현상으로 여기면서 불굴의 의지와 인내심을 발휘한다. 드웩은 다음과 같이 말하였다.

〈도표 2.3〉

Fixed Versus Growth Mindset(고착형 사고방식 대 성장형 사고방식)

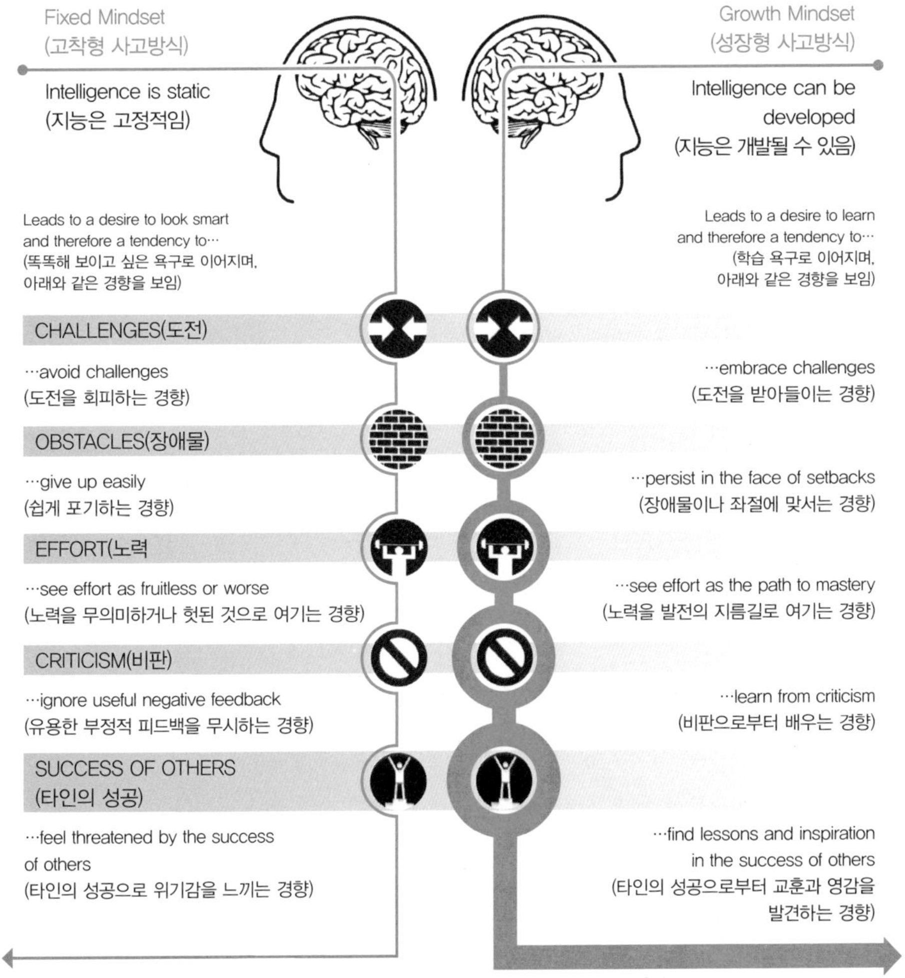

As a result, they may plateau early and achieve less than their full potential.
(결과적으로 고착형 사고방식을 가진 사람들은 무사안일을 추구하고 자신의 잠재력을 충분히 발휘하지 못함)

All this confirms a **deterministic view of the world.**
(고착형 사고방식과 결부된 모든 것은 결정론적 세계관을 초래함)

As a result, they reach ever-higher levels of achievement.
(결과적으로 성장형 사고방식을 가진 사람들은 더 높은 수준의 성취를 이룸)

All this gives them a **greater sense of free will.**
(성장형 사고방식과 결부된 모든 것은 더욱더 큰 자유 의지력을 유발함)

Source: Reprinted with permission from Carol Dweck: A Summary of The Two Mindsets and the Power of Believing That You Can Improve. Original graphic by Nigel Holmes. Copyright 2015 by Carol Dweck.

"불리한 상황에서도 자신을 발전시키려는 열정과 그 열정을 고수하려는 의지가 성장형 사고방식의 특징이다. 의심할 바 없이 성장형 사고방식은 어려운 삶에 처한 사람들에게 재기와 발전의 원동력이 될 수 있다."

사람에 따라 다른 사고방식을 지니지만 학생 A와 학생 B는 고착형 사고방식을 가지고 있는 반면에 학생 C와 학생 D는 성장형 사고방식을 가지고 있다고 단정적으로 말할 수는 없다. 사실 모든 사람은 고착형 사고방식과 성장형 사고방식, 두 요소를 지니고 있기 때문이다. 한 개인의 사고방식은 자신의 성공 경험, 실패 경험, 환경 요인, 관심 분야 등에 따라 변하기 마련이다. 예컨대 당신은 대체로 독서에 관한 한 성장형 사고방식을 가지고 있으나 당신이 이해하기 어려운 책은 고착형 사고방식을 초래할 수 있다고 말할 수도 있기 때문이다. 이처럼 모든 사람은 단 하나의 사고방식을 가지고 있지는 않다.

학습자의 사고방식과 학업성취 간의 관계를 분석한 연구를 예로 들어보겠다. 시스크(Sisk) 등은 두 차례의 메타 분석을 수행하였는데, 첫 번째는 사고방식과 학업성취 간의 관계를 다룬 273편의 연구— 연구대상자 수는 아동·청소년·성인 365,000명임 —에 대한 메타 분석이다. 이들은 학습자의 사고방식과 학업성취 간에 미약한 관계가 있음을 발견하였다. 두 번째는 사고방식과 학업성취 간의 관계를 다룬 43편의 연구— 연구대상자 수는 아동·청소년·성인 57,000명임 —에 대한 메타 분석이다. 두 번째 메타 분석에서도 이들은 학습자의 사고방식과 학업성취 간에 미미한 관계가 있음을 발견하였다. 하지만 가장 중요한 발견은 다음 두 가지였다.

첫째, 학업성적이 부진한 학생들과 가난한 학생들의 경우에는 학습자의 사고방식과 학업성취 간에 다소 큰 관계가 있다는 것이다.

둘째, 학습자의 사고방식과 몇몇 다른 사회·정서적 학습 영역(SEL)을 함께 고려했을 경우는 학습자의 학업성취에 유의미한 영향을 끼쳤다는 것이다.

이 연구 결과에 따르면 교사는 학업성적이 부진한 학생들과 가난한 학생들에 대한 학업적 지원의 한 방편으로 이들의 사고방식을 성장형 사고방식으로 발달시키는 데 초점을 둘 필요가 있으며, 모든 학생의 학업성취를 개선하기 위해 학습자의 사고방식을 포함한 사회·정서적 학습(SEL)을 실현하는 데 노력을 기울여야 한다. 요컨대 교사는 학생들이 성장형 사고방식에서 고착형 사고방식으로 전락하는 원인을 인식하도록 함으로써, 그리고 이들이 학업에 전념할 수 있도록 구체적인 방안을 마련함으로써, 학생들의 사고방식을 성장형 사고방식으로 발달시킬 수 있다.

인내와 투지

인내는 주로 어려움이나 괴로움을 참고 견디려는 의지를 함의하는 내적 버팀목으로 인식된다. 투지는 목표를 향한 집념, 목표를 달성하는 데 불필요한 것을 포기하는 능력, 목표 달성을 위한 헌신적 노력 등을 함의하는 투쟁심으로 인식된다. 어린이와 청소년은 악기 연주, 스포츠 활동,

학업성취 등과 같은 장기적인 목표를 달성하려 할 때 인내와 투지를 발휘해야 한다. 학교 교육과정은 인내와 투지를 기르고 발휘할 기회로 가득 차 있다. 예컨대 '학생들의 많은 시간과 노력을 요구하는 수학 과제가 이들의 인내와 투지를 키우는 데 얼마나 많은 도움이 되는지'와 '사회의 행복을 위해 힘든 일을 마다치 않는 사람들이 학생들의 인내와 투지를 키우는 데 얼마나 큰 본보기가 되는지'를 진지하게 생각해 보라.

특정한 자질을 갖추고 있는 걸로 평가된 인물이 그를 아는 사람들에게 끼치는 영향을 과소평가해서는 안 된다. 인내와 역할극에 관한 한 연구에서, 연구자들은 4~6세 아이들에게 단조로운 컴퓨터 작업에 참여할 것을 요청하였고, 아이들이 휴식을 취할 때 재미있는 비디오 게임을 할 수 있도록 허용하였다. 흥미로운 결과는 자기 자신을 탐험가 도라나 배트맨과 같은 '인내를 상징하는 인물'로 여기도록 요청을 받은 아이들이 그렇지 않은 아이들보다 훨씬 더 긴 시간 동안 단조로운 컴퓨터 작업을 수행하였다는 점이다.

이 연구 결과가 시사하는 바는 무엇일까? 학생들이 독서를 통해서 간접적으로나마 자기가 바라는 자질을 갖추고 있는 인물— 허구적인 인물이든 실재적인 인물이든 상관없이 —과 접하는 것은 아주 중요하다. 정○○이라는 초등학교 3학년 교사를 예로 들어 보겠다.

그녀는 매일 학생들에게 '인내와 투지를 지닌 인물'이 등장하는 책을 소개해 준다. 그녀는 책 소개하기가 학생들의 독서 의욕을 높이는 데 효과적이라고 생각하며, 이들에게 책에 대한 신뢰감을 주기 위해 책 표지의 제목 옆에 자신의 인증 도장을 찍어 놓는다. 그녀는 학생들에게 책을 소개할 때 이들의 관심을 끌 만한 내용을 간략히 제시하며, 독서 시간에 학생들이 그 책을 읽도록 권장한다. 언젠가 그녀는 두 권의 책—『Salt in His Shoes(운동화 속의 소금)』(Jordan & Jordan, 2003; 농구 선수 마이클 조던에 관한 이야기)와 『Ada Twist, Scientist(과학자 에이다)』(Beaty, 2016; 어린이를 위한 꿈과 직업에 관한 이야기) —을 소개하면서 "꿈을 이루기 위해서는 배우려는 강한 의지와 성실함이 절대적으로 필요하다"라고 말한 적이 있다.

그녀는 개인의 인내와 투지가 다른 사람들의 삶을 개선하는 지렛대 역할을 해야 한다고 말하기도 하였다. 그녀는 학생들에게 『A Chair for My Mother(어머니를 위한 의자)』(Williams, 1982)를 소개하면서 다음과 같이 말하였다.

"나는 'Reading Rainbow'라는 독서 프로그램을 통해서 이 책을 알게 되었어. 이 책은 화재로 자기 가족이 궁핍해졌을 때 악착스럽게 일하는 어머니에게 새 의자를 사 드리기 위해 돈을 저축하겠다는 딸의 순수한 의지에 관한 이야기야. 여러분 자신의 인내와 투지를 통해 다른 사람들을 도울 수 있다는 점을 기억했으면 해."

인내와 투지는 당연히 어떤 일에 대한 열정과 노력으로 이어지기 마련이다. 유소년 스카우트 조직을 예로 들자면, 이 조직의 목적은 아동들과 청소년들이 특정한 목표를 달성하는 데 자신의 인내와 투지를 발휘하도록 동기를 부여하는 것이다. 이들은 스카우트 활동을 통해 자신의 인내와 투지가 어떤 일에 대한 열정과 노력을 얼마나 극대화하는지를 배우게 된다. 박○○이라는 중학교 영어 교사를 또 다른 예로 들어 보겠다. 그녀는 학생들에게 로버트 프로스트(Robert Frost)의 'Road Not

Taken(가지 않은 길)'이라는 시를 읽어 준 후에, 이와 똑같은 제목의 비디오 게임(Road Not Taken)을 소개하면서 다음과 같이 말하였다.

"이 게임은 게임 속에서 특정한 역할을 실행하면서 점점 어려워지는 일련의 도전 과제를 해결하는 모험형 게임이라 할 수 있어. 이 게임의 궁극적 목표는 삶의 다양한 길을 탐험하는 것과 위기에 처한 아이들을 구조하는 것이야. 게임 속에서 자기 역할을 잘 수행하면 멋진 휘장을 얻을 수 있어."

가장 인상적인 것은 그 후 학생들이 게임 자체를 즐겼을 뿐만 아니라 게임을 통해 인내와 투지를 경험할 수 있었다는 것이다.

회복력

회복력은 맞닥뜨린 어려움이나 도전을 극복할 수 있는 능력, 또는 나빠진 상태를 본래의 좋은 상태로 되돌리는 능력을 의미한다. 일반적으로 회복력이 강한 사람들은 좌절이나 곤경에서 다시 일어설 수 있고, 이로 인해 좀 더 강해지거나 현명해질 수도 있다.

학생들이 성적 하락, 시험 스트레스, 정신적 외상 등을 포함한 여러 가지 도전과 직면하는 것은 자연스러운 일이다. 교사가 학생들이 경험하는 정신적 스트레스를 줄이고 예방하기 위해 노력을 하더라도 학생들은 자신의 삶에서 직면하는 다양한 도전을 회피할 수는 없다.

강○○이라는 고등학교 교사를 예로 들어 보겠다. 매일 그는 학생들이 마주하고 있는 여러 가지 일이나 감정 상태를 헤아리기 위해 이들과 조회 시간을 갖는다. 언젠가 그는 몇몇 학생들이 다음과 같은 처지에 놓인 사실을 알게 되었다. 아마도 이 학생들은 누군가에게 자신의 처지를 후련하게 털어놓고 싶었을지도 모른다.

- 위탁가정에서 쫓겨날까 봐 불안해하거나 학대를 당함
- 부모의 무관심으로 식당에서 아침 식사를 해결함
- 전날 밤에 편의점 아르바이트를 하다가 손님과의 갈등으로 스트레스를 받음
- 여자친구와 헤어진 후 실의에 빠짐
- 부모의 사망으로 좌절과 슬픔에 빠짐
- 성적 하락에 대한 걱정과 성적 회복에 대한 강박감으로 시달림
- 버스 승객의 성차별적 발언에 상처를 받음

일상생활에서 학생들이 직면하는 수많은 도전을 상상해 보라. 학생들이 교사에게 말하지 않거나 말하지 못한 것을 상상해 보라. 복잡다단한 상황에서도 학생들은 적절한 자극을 받으면 무엇이든 배울 수 있다는 사실에 주의를 기울여 보라. 교사가 사회·정서적 학습의 가치를 이해하고, 특히 학생들의 회복력 발달에 초점을 둔다면, 학생들은 훨씬 더 나은 학습발전을 이룰 것이다.

인간이 경험하는 광범위한 도전에 대한 보호 요인 중 일부는 개인적

인 속성을 띠고 있다. 몇몇 사람들이 선천적으로 희망적인 본성을 타고나서 모든 상황에 긍정적으로 대처하는 것은 사실이다. 하지만 그렇지 않은 사람들도 있다. 이를테면 선천적으로 긍정성을 타고난 사람들조차 어려움 앞에 좌절할 수 있다. 한 남학생을 예로 들어 보겠다. 그는 학교에서 뛰어난 회복력과 적응력을 지닌 학생이었다. 유감스럽게도 그는 자기 어머니의 죽음으로 인해 급격한 좌절과 실의에 빠지게 되었다. 그는 거의 매일 울었고, 자신을 향한 또래들의 시선에 불안해하고 두려움을 느꼈다. 그는 수업 시간에 종이 낙서를 하면서 학습을 게을리하였다. 당연히 그에게는 교사의 도움이 절실하였다. 이와 마찬가지로 모든 학생은 어느 시점에서 교사의 도움이 필요하다. 교사로서 우리는 회복력이 필요한 학생들에게 적절한 시점에서 도움을 줄 수 있도록 이들을 눈여겨보아야 한다.

〈도표 2.4〉에 제시된 회복력 퀴즈는 '회복력이라는 주제를 제기하고 회복력의 구성 요소를 식별하고 회복력의 발달 계획을 세우는 데에' 유용하다. (이것은 청소년에게 적합한 회복력 퀴즈이다. 어린이를 위해서는 만화 영화 캐릭터 '아서(Arthur)'가 등장하는 PBS 온라인 사이트 'https://pbskids.org/arthur/health/resilience/quiz.html'을 추천한다.) 물론 회복력 퀴즈만으로는 학생들이 회복력을 빌딜시키시는 못한다.

학생들의 회복력 발달은 교실 수업에 회복력 관련 학습을 통합함으로써 가능해진다. 헨더슨(Henderson)은 이러한 일을 추진하는 학교를 '안전한 학교(safe-haven schools)'라고 명명하였다. 안전한 학교의 교사들은 학생들의 내·외적 보호 요인을 형성하고 이들의 회복력을 발달시키기 위한 다양한 실천을 수행하고 있다.

〈도표 2.4〉

회복력 퀴즈

생리·정서적 조절	
'여러분이 어떻게 스트레스에 대응하는지'에 대해 5점 척도로 평가합니다. 1번에서 5번까지의 문항을 읽고, 각 문항의 진술이 여러분에게 '매우 적합하다면 5, 적합하다면 4, 보통이면 3, 적합하지 않다면 2, 매우 적합하지 않다면 1'을 선택하세요.	
1. 나는 하루에 여러 차례 압박감을 느낀다.	1 2 3 4 5
2. 어떤 것이 나를 괴롭힐 때, 나는 그것이 무엇인지와 왜 그런지를 안다.	1 2 3 4 5
3. 나는 친구를 격려하는 것처럼 스트레스 상황에 놓인 나 자신을 격려한다.	1 2 3 4 5
4. 나는 어려운 일이 생겨도 한 걸음 물러나서 웃을 수 있다.	1 2 3 4 5
5. 나는 건전한 방법으로 스트레스를 다룬다.	1 2 3 4 5
생각하는 방식	
6번에서 9번까지의 문항을 읽고, 각 문항에서 짝을 이루는 2개의 진술 중 여러분의 생각을 가장 잘 나타내는 진술 하나를 선택하세요.	
6. 시험을 치를 때… ☐ 내가 열심히 공부해서 준비를 잘한다면 시험 문제에 대한 불평은 생기지 않는다. ☐ 선생님은 내가 공부한 것이 무의미할 정도로 어이없는 문제를 자주 낸다.	

7. 삶의 성공에 대해 생각해 볼 때…

- ☐ 성공은 운보다는 노력과 더 관련이 있다.
- ☐ 삶에서 중요한 것은 '내가 무엇을 아느냐'가 아니라 '내가 누구를 아느냐'이다.

8. 다른 사람들과의 관계에 대해 생각해 볼 때…

- ☐ 다른 사람들과 좋은 관계를 맺는 것은 습득될 수 있는 기술이다.
- ☐ 몇몇 사람들과는 도저히 좋은 관계를 맺을 수가 없다.

9. 주어진 상황에서 나의 역할을 고려해 볼 때…

- ☐ 나는 주어진 여러 상황에서 책임 의식을 발휘한다.
- ☐ 나는 종종 최악의 상황을 가정하며, 왜 일이 잘되지 않는지에 대해 푸념한다.

삶의 의미

10번에서 12번까지의 문항을 읽고, 각 문항에서 짝을 이루는 2개의 진술 중 여러분의 생각을 가장 잘 나타내는 진술 하나를 선택하세요.

10. 삶의 우선순위를 정할 때…

- ☐ 행복하게 지내는 것이 나의 최우선 사항이다.
- ☐ 나의 가치를 고수하는 것이 최우선 사항이다.

11. 자기 이해에 대해 생각해 볼 때…

- ☐ 나는 나 자신, 나의 강점, 내가 좋아하는 것 등에 대해 잘 안다.
- ☐ 나에 대한 이해, 나의 강점, 내가 좋아하는 것 등이 자주 달라진다.

12. 나의 삶을 의미 있게 만드는 무언가를 생각해 볼 때…

- ☐ 지금 나는 즐거움을 찾고 있을 뿐이다.
- ☐ 나는 내 삶을 의미 있게 만드는 것이 무엇인지 잘 모르며, 그것을 어떻게 찾아야 할지도 모른다.
- ☐ 삶은 실제로 큰 의미가 없는데, 왜 이런 일로 시간을 허비하는가?
- ☐ 지금 나는 매우 의미 있는 어떤 일을 추구하고 있다.

문항 1~5는 스트레스 상황에 대한 여러분의 생리·정서적 반응을 평가하는 문항이다. 만약 여러분이 스트레스 상황에서 압박감이나 불행감을 자주 느낀다면, 여러분은 여러분 자신의 회복력에 관한 사항들을 개선할 필요가 있다. 휴식과 명상은 여러분의 스트레스 대처 능력을 향상할 수 있다. 회복력 관련 연구에 따르면, 여러분은 자비로운 마음으로 자기 자신과 타인을 대하고 자신의 정서를 세밀하게 살피고 돌봄으로써 여러분 자신의 회복력을 발달시킬 수 있다.

문항 6~9는 주어진 상황에 대한 여러분의 사고방식이나 태도를 확인하는 문항이다. 회복력이 강한 사람들은 주어진 상황에서 자신의 역할과 책임이 중요하다고 생각한다. 또 이들은 다른 사람들과 좋은 관계를 형성하기 위해 대인관계 기술을 습득해야 한다는 것을 잘 알고 있다.

문항 10~12는 여러분이 삶의 의미를 어디에 두는지를 확인하는 문항이다.

주의할 점: 이 회복력 퀴즈는 청소년들이 자신의 회복력 수준을 평가하는 데 관심을 두도록 만들어졌으며, 심리 평가적 타당성을 충족시키진 못한다.

Source: Adapted with permission from The Resiliency Quiz by James F. Huntington. Copyright 2016 by James F. Huntington.

학생들의 보호 요인에는 다음과 같은 것이 있다.

- 교사와의 친밀한 유대관계
- 명확한 학급 규칙과 서로를 배려하는 학급 분위기
- 역경을 극복한 사람들에 관한 교훈적 이야기
- 자기 강점에 대한 인지
- 학생들의 강점과 성취에 대한 교사의 기대
- 다른 사람들에게 봉사할 기회

이러한 요인 중 일부는 실현하기가 쉬울 수 있으나 또 다른 일부는 어려울 수도 있다. 무엇보다 중요한 것은 학생들이 여러 가지 도전과 직면했을 때 좌절하지 않고 자신감과 용기를 발휘하도록 이들의 자기 효능감과 회복력을 발달시키는 것이다. 이를 위해 교사는 회복력이 강한 인물들이 등장하는 책을 활용할 수 있다. 예컨대 『The Little Engine That Could』(포기하지 않는 꼬마 기관차)라는 동화가 주는 교훈은 어린 학생들에게 큰 영향을 끼친다. 이 동화의 핵심은 꼬마 기관차에 관한 것이 아니라 꼬마 기관차가 목표를 달성하기 위해 기울인 노력에 관한 것이다. 「The Rose That Grew from Concrete」(콘크리트에서 핀 장미)라는 투팍 샤커(Tupac Shakur)의 시는 인내와 회복력을 함의하고 있으며, 고학년 학생들이 읽기에 적합하다. 물론 한 권의 책이 하루아침에 학생들의 회복력을 길러줄 수는 없다. 하지만 학생들이 회복력을 포함한 여러 가지 교훈을 담고 있는 다양한 책을 접하다 보면 이런 교훈이 내면화되고 언젠가 자신의 삶을 개선하는 힘으로 작용할 것이다.

또 교사는 학습 과제, 교실 활동, 일상생활 등과 관련하여 학생들에게 "어려운 일은 없니?"라고 물어볼 수 있다. 질문을 받은 학생들은 자신이 처한 상황에서 어려운 부분이 있는지 확인해 볼 것이다. 학생들이 자신에게 주어진 어려움을 인지하고 이를 해결하기 위해 다양한 방법을 찾고 교사의 적절한 도움을 받는다면, 이들은 자신의 어려운 경험을 극복하는 데 필요한 회복력을 발달시킬 수 있을 것이다.

교사는 교실에서 학생들의 회복력 발달을 위한 다양한 활동을 수행하고 이들에게 이들 자신의 삶에서 일어나는 여러 가지 도전에 대처하는 방법을 제공할 수 있다. 물론 심각한 정신적 외상으로 고통을 겪고 있는 학생들은 별도의 전문적인 도움이 필요하다. 교사는 학생 보호, 학생 건강, 가족지원 서비스 등을 하기 위한 눈과 귀이다. 그러므로 학생에게 무슨 일이 생기더라도 그들이 즉각 적절한 도움을 받을 수 있도록 이들의 정신적 외상의 징후— 과도한 수면, 수면 부족, 식욕 상실, 과식, 이유 없는 짜증과 분노, 학습 태만, 대인관계 단절 등 —를 확인하는 것이 매우 중요하다. 나아가 교사는 학생들의 부정적인 정서와 정신적 외상을 치유하는 일에 가족은 물론 정신 건강 전문가를 참여시켜야 한다.

마무리

사회·정서적 학습의 기본 원리는 학생들이 다양한 학습활동에 참여하도록 이들의 정체성과 효능감을 개발하는 것이다. 교사는 학생들이 이들 자신의 강점과 위치를 인식하도록 도울 수 있다. 자신의 강점을 잘 알고 있는 학생들은 학습의 방해요인을 줄이고, 학습에 대한 자신감과 자기 효능감을 높일 수 있다. 인내와 투지는 학생들이 힘겨운 도전에 직면했을 때 자신감, 자기 효능감, 자유의지, 회복력 등을 발휘하게 하는 요인이 될 수 있다. 두말할 것도 없이 학생들의 사회·정서적 학습에 헌신하는 교사가 존재하지 않는다면 이 모든 것은 물거품이 될 것이다.

교사를 위한 반성적 물음

1. 교사로서 당신은 학생들의 정체성과 효능감을 발달시키기 위해 어떤 노력을 하는가?
2. 당신은 학생들이 이들 자신의 강점을 인식하도록 돕기 위해 어떤 방법을 사용하는가?
3. 당신은 자신감에 관하여 학생들과 대화를 나누는가?
   당신은 학생들의 자신감이 최저로 떨어졌을 때 이들의 자신감을 회복하기 위해 어떤 기술과 언어를 사용하는가?
4. 당신은 학생들의 자기 효능감을 발달시키기 위해 수업 시간에 어떤 노력을 하는가?
   그 노력은 학생들의 자기 효능감을 높이는 데 유용한가?
5. 당신은 성장형 사고방식과 고착형 사고방식에 대해 잘 알고 있는가?
   당신은 학생들이 성장형 사고방식을 지니게 하도록 어떤 노력을 하는가?
6. 당신은 회복력에 관하여 학생들과 대화를 나누는가?
   당신의 학교와 지역사회는 여러 가지 정신적 외상으로 고통을 겪는 학생들을 돕기 위해 전문적인 인력과 자원을 마련하고 있는가?

정서 조절

정서 식별 | 정서적 자기 지각
충동 조절 | 만족 지연
스트레스 관리 | 대처

초등학교 1학년인 영수의 담임 교사는 국어 수업 중에 한 남학생이 손을 들자 그를 바라보면서 묻는다.

"태준아, 무슨 일이야?"

"영수가 포켓몬 카드를 가지고 놀고 있어요."

담임 교사는 재빨리 책상 밑으로 손을 집어넣는 영수를 지그시 바라보면서 말한다.

"영수야, 지금은 수업 중이야. 책을 읽고 내용을 파악하는 데 집중해야지. 벌칙으로 너의 클립을 옮기고 오렴."

이 학교에서는 모든 교사가 교실 관리의 한 방법으로 '행동 클립 도표'를 사용한다. 도표는 행동 수준을 나타내는 다섯 가지 색— 파란색(매우 우수함), 연두색(우수함), 노란색(보통), 오렌지색(나쁨), 빨간색(매우 나쁨) —으로 구분되어 있다. 예를 들어 빨간색에 속한 학생은 교장 선생님과 면담을 해야 하며, 담임 교사는 이 학생의 부모와 전화 상담을 하게 된다. 영수는 얼굴을 찌푸린 채 천천히 책상에서 일어나 교실 뒤편에 있는 클립 도표로 걸어가서 자신의 이름이 적힌 클립을 노란색 구역에서 오렌지색 구역으로 옮겨 놓는다. 그는 자기 책상으로 터덜터덜 걸어가서 의자에 주저앉은 채 수업 마칠 때까지 고개를 들지 않는다.

자율활동 시간에 학생들은 직업에 관한 조사자료를 발표하기로 되어 있다. 영수는 태준이에게 비아냥거리며 말한다.

"바보야, 너도 발표할 거야?"

이를 엿들은 지혁이가 큰 소리로 선생님께 말한다.

"선생님, 영수가 태준이를 바보라고 불렀어요."

영수의 클립은 빨간색 구역으로 옮겨지고, 담임 교사는 재빨리 교장실에 전화를 건다. 잠시 후에 영수는 교실 밖으로 뛰쳐나가 교장실까지 쿵쿵거리며 걸어간다. 학교 정책에 따라 그는 교장 선생님과 면담을 하게 될 것이고, 담임 교사는 그의 부모와 전화 상담을 할 것이다.

◆ ◆ ◆

앞의 교실 상황을 잠깐 생각해 보자. 분명히 행동 클립 도표에 의한 교실 관리는 문제가 있다. 굴욕감을 주는 방법이 학생들에게 긍정적 행동을 일으키고 문제행동을 줄이는 효과를 나타냈다면, 영수는 애당초 자신의 포켓몬 카드를 가지고 놀지 않았을 것이다. 게다가 이러한 클립 도표의 사용은 몇몇 학생들이 태준이와 지혁이처럼 또래에 대한 감시자가 되도록 부추긴다. 또래에 대한 감시나 고자질은 긍정적인 사회·정서적 기술을 키우려는 교실에서는 있을 수 없는 행동이다.

한편 영수는 '자신의 규칙 위반이 발각되었다는 사실'에 대한 감정적 반응을 다룰 기회를 지니지 못하였다. 그는 화가 나거나 당황했을지도 모른다. 하지만 담임 교사는 영수의 감정에 주의를 기울이지 않았고, 그에게 감정적 반응이 자연스럽다는 것을 알리지도 않았으며, 자신의 감정적 반응을 조절하도록 돕지도 않았다. 만약 영수가 자신의 부정적인 감정 반응으로 계속해서 벌을 받는다면, 그는 의식적이든 무의식적이든 자신의 감정을 억누르게 되고 언젠가 다른 사람에게 그 감정을 터뜨릴 것이다.

제1장에서 언급했듯이 모든 교사는 의식적이든 무의식적이든 간에 자신의 교실 수업에서 사회·정서적 학습(SEL)을 실현하기 마련이다. 그리고 이러한 사회·정서적 학습은 교사와 학생 간의 상호작용을 통해 이루어지며, 앞의 교실 상황이 시사하는 것처럼 학생들에게 주어지는 교훈이 항상 긍정적으로 작용하는 것만은 아니다. 따라서 다음과 같은 사항을 고려해야 한다.

- 영수는 분노라는 자신의 감정적 반응(혹은 이런 반응을 보인 자기 자신)이 용납될 수 없음을 알게 되었다. 동시에 그는 다른 사람의 눈을 피해서 태준이에게 분노를 표출할 필요가 있음을 알게 되었다.
- 태준이는 다른 사람의 행동을 감시하거나 지적하는 것이 용납될 수 있음을 알게 되었다. 하지만 그는 영수가 자기에게 복수할 것이라는 생각에 안절부절못했을지도 모른다. 수업 중에 발생하는 이런

유형의 또래 갈등을 해결해 줄 모범 사례를 알지 못했기 때문에 태준이는 쉬는 시간 내내 어떻게 자신을 보호할지에 대해 고민해야만 했을 것이다.

- 나머지 학생들은 영수가 교장실로 보내졌다는 사실에 정신이 팔려 태준이의 입장과 마음 상태를 헤아리지 못하였다. 그리고 이들은 다른 사람의 눈을 피해서 행동하는 것과 고자질하는 것이 교실에서 유용한 사회적 기술이라는 것을 알게 되었다.

누구라도 이와 같은 교실 상황을 부정하진 않을 것이다. 사실 이러한 상황이 교실에서 일상적으로 일어난다고 해도 지나친 말이 아니다. 그 이유는 교사들이 학생들의 부정적인 감정 표출을 '정서 조절 기술을 간절히 원하고 있음'을 알리는 신호로 인식하는 데 익숙하지 않기 때문이다. 이런 관점에 비추어 보면 담임의 학생 행동 관리는 효과적이지 못하며, 사소한 위반으로 학생을 교장실에 보내는 것은 불필요할 뿐만 아니라 자칫 교사 자신의 권위를 떨어뜨릴 수도 있다. 게다가 학생들에게 사회·정서적 학습을 적용할 기회를 놓쳐 버렸다. 만약 담임이 다음과 같이 했다면 어땠을까?

- 영수가 수업에 집중하도록 도움을 주었다.
- 영수가 자신의 감정을 이해하도록 도움을 주었다.
  (예) "지금 네 기분이 나빠 보여. 네 기분을 말해 줄 수 있겠어?"
- 영수가 자신의 마음을 진정하도록 도움을 주었다.

(예) "머리가 맑아지도록 숨을 크게 쉬렴."

- 나중에 태준이에게 조언을 요청하였다.

(예) "영수의 주의가 산만해졌을 때 그를 도울 수 있는 좋은 방법을 나에게 말해 줄 수 있겠어?"

교실의 정서적 풍토에 주의를 기울여야 하는 실질적 이유는 학생들의 정서가 학습에 큰 영향을 끼치기 때문이다. 이를테면 학생들의 건전한 정서는 기억력 발달에 도움이 되고, 학습 참여도를 높인다. 교사는 수업 시간에 학생들의 관심을 사로잡기 위해 이들의 정서에 호소할 수 있으며, 학습 목표와 학습 내용에 대한 이들의 정서적 반응을 확인할 수도 있다. 이뿐만 아니라 교사는 여러 다른 상황— 학생들에게 따뜻한 마음과 배려를 표현할 때, 차분하고 질서 있는 학습 분위기를 조성할 때, 학생들의 수업 집중도를 높일 때, 유쾌한 교실 분위기를 조성할 때 등등 —에서도 학생들의 정서에 호소할 수 있다. 심지어 교사는 학생들의 학습성과를 개선하기 위해 이들의 정서를 고려하는 수업 방법을 생각해 볼 수도 있다.

만약 학생들이 자신의 정서와 역할을 이해하고 학습을 포함한 모든 일을 수행하는 데 자신의 정서적 상태가 얼마나 중요한지를 깨닫는다면, 이들에게 얼마나 근사한 일이 생길지 상상해 보라. 이번 장에서는 정서적 과정의 기본 원리, 학습을 위한 정서적 과정의 중요한 역할, 정서 조절의 구성 요소 등에 대해 살펴볼 것이다.

정서 조절이란?

여러분은 좌절감을 느낄 때 무엇을 하는가?
여러분은 불안감을 느낄 때 무엇을 하는가?
여러분은 지루함을 느낄 때 무엇을 하는가?

분명히 여러분은 이런 감정에 대한 반응(정서적 반응)을 일상적으로 표출하면서 살아왔을 것이다. 만약 여러분의 정서적 반응이 사회적으로 용납될 수 없는 것이었다면, 여러분은 친구를 사귀지 못했거나 직업을 얻지 못했을 수도 있고, 심지어 감옥생활을 했을 수도 있다.

반면에 여러분이 좌절감을 느낄 때 자포자기하지 않고 건전한 방식으로 스스로를 격려할 수 있다면 여러분은 삶의 안정감을 유지할 것이며, 불안감을 느낄 때 초조함에 사로잡히지 않고 침착함과 대범함을 되찾을 수 있다면 삶의 균형감을 유지할 것이다. 이처럼 한 개인의 정서적 반응은 자기 삶의 질에 큰 영향을 끼치며 정서적 자기 조절과도 직접적인 관련이 있다. 그리고 정서적 자기 조절은 성공적인 삶을 위해 필요한 일련의 기술을 포함하는 개념이라 할 수 있다.

학령기 아동의 정서적 자기 조절은 이제 습득될 수 있는 일련의 기술로 이해되고 있다. 확실히 개인의 성격, 경험, 발달요인 등은 자신의 정서 조절 능력에 영향을 끼친다. 그리고 교사는 학생들에게 '자신의 정서 상태를 식별하고 이에 반응하고 이를 다루는' 일련의 방법을 가르칠 수 있으며, 이는 학생들이 대인관계를 형성하고 유지하는 데 도움이 된다(제5장 참조). 요컨대 아이들의 정서 조절 능력은 '또래들과 어른들에 의해 어떻게 인식되는지'에 영향을 끼치며, 학습에도 큰 영향을 끼친다.

이번 장 첫머리에서 언급한 교실 상황에 대해 잠시 생각해 보자. 담임교사는 영수의 욕설과 교실 퇴장을 그의 삐뚤어진 성격과 미성숙함의 결과로 여길지도 모른다. 한편 태준이의 고자질은 급우들로부터 환영받지 못할 것이고, 이들은 태준이를 신뢰감이 떨어지는 피해야 할 대상으로 낙인찍을지도 모른다. 만약 영수와 태준이 둘 다 자신의 정서를 조절할 능력을 지니고 있었다면 분명히 다르게 반응했을 것이다. 이를테면 영수와 태준이가 정서 조절을 포함한 사회·정서적 학습(SEL)을 충분히 했다면 이들 간의 갈등은 일어나지 않았을 것이다.

정서 조절을 가르치는 일은 성찰, 자기 점검, 반응 절제 등과 같은 습관을 기르는 데서부터 시작된다. 학생들은 '사람이 정서를 지닌다는 것은 지극히 정상적이고 자연스럽다. 그리고 몇몇 정서는 다른 정서들보다 더 긍정적일 수도 있고 더 부정적일 수도 있다. 더욱이 어떤 정서는 사람을 통제 불능 상태로 이끌 수 있다'라는 점을 이해할 필요가 있다. 무엇보다 중요한 것은 학생들이 자신의 부정적인 정서에 휘말릴 필요가 없다는 점을 이해하는 것이다. 이를 위한 첫걸음은 학생들이 자신의 정서를 정확하게 식별하도록 돕는 것이다.

정서 식별

사람들 대부분은 다른 사람의 정서(혹은 감정)를 식별하려고 하며, 이는 거의 순간적으로 이루어진다. 유아들은 얼굴을 보고 부모의 감정을 식별하며, 다른 사람의 표정과 몸짓을 살피고 이에 따라 반응한다. 유아들은 자신의 감정을 언어로 표현하는 데 서툴며, '미운 두 살배기'는 감정을 적절하게 전달하는 표현 언어가 극히 제한될 수밖에 없다. 다행히도 부모들은 어린 자녀가 알맞은 언어를 형성하도록 모범 사례를 보여준다. 예컨대 부모는 어린 자녀가 악몽에서 깨어나면 "너는 지금 두려움을 느끼고 있을 거야"라고 말한다. 그러고 나서 아이를 껴안고 노래를 부르기도 하고, 아이의 마음이 진정될 때까지 재미있는 이야기를 하기도 한다. 이는 곧 부모가 어린 자녀에게 감정을 다루는 방법과 감정을 표현하는 언어를 가르치는 것이나 다름없다.

입학하면서부터 아이들의 삶이 점점 더 복잡해짐에 따라 정서 관리와 관련된 일도 복잡해진다. 초등학생들은 다른 여러 또래 사이에서 자신의 정서를 관리하고 조절하는 데 어려움을 겪기 일쑤이다. 이런 학생들을 위해 우선 아이들이 자신의 정서를 식별하도록 돕는 것은 매우 유용할 수 있다. 예를 들어 몇몇 교사들은 자신의 정서를 식별하거나 표현하는 데 어려움을 겪는 학생들을 위해 다양한 감정을 나타내는 얼굴 그림 — 그림마다 감정에 어울리는 단어를 적어 놓음 —을 사용한다.

오○○이라는 초등학교 1학년 교사는 다음과 같이 말하였다.

"나는 학생들이 자신의 정서 상태를 식별하도록 돕기 위해 수업 중에 '감정을 나타내는 얼굴 그림'을 자주 사용한다. 때때로 학생들에게 나 자신의 정서 상태를 알리기 위해 이 그림을 사용하기도 한다."

그는 학생들이 자신의 정서를 식별하는 걸 돕기 위해 이야기 속의 등장인물을 활용하기도 한다.

"학생들이 이야기 속에 나오는 등장인물의 정서를 살펴보는 것은 그들 자신의 정서를 식별하는 데 큰 도움이 된다."

이뿐만 아니라 그는 지역 주민의 직업에 관한 수업을 할 때도 정서적인 측면을 다룬다. 이를테면 그는 학생들에게 '경찰관은 언제 두려움을 느낄까?', '가게 주인은 손님의 어떤 말과 행동으로 스트레스를 받을까?', '직업인은 자신의 정서를 어떻게 인식하고 다룰까?' 등과 같은 문제에 대해 논의할 기회를 제공함으로써 이들이 직업인의 정서를 고려하고 알아채는 데 도움을 준다.

박○○이라는 중학교 2학년 영어 교사의 교실에는 감정 용어로 채워진 '단어 게시판'이 있으며, 그녀는 학생들의 정서 식별 능력과 어휘력을 키우기 위해 이 게시판을 활용한다. 이와 관련한 그녀의 말이다.

> "나는 단어 게시판을 통해 학생들에게 감정 용어를 소개한다. 자신을 포함한 주변 사람의 내면을 잘 나타내는 단어를 찾는 것은 정서 식별 능력을 키우는 데 효과적이다. 학생들은 1년 동안 사람의 정서 상태와 관련된 단어를 수집하고 이를 체계적으로 분류한다. 나는 학

생들에게 이렇게 분류된 단어 간의 미묘한 의미 차이를 이용해서 특정 단어의 개념을 설명해 주며, 그 단어가 포괄할 수 있는 여러 가지 정서 상태를 시각적으로 보여준다."

이뿐만 아니라 그녀는 학생들에게 정서 수레바퀴(도표 3.1 참조)에 대해 가르친다. 정서 수레바퀴는 기본적인 8가지 정서— 기쁨, 신뢰, 두려움, 놀라움, 슬픔, 혐오, 분노, 기대 —에 기초하여 만들어진 정서 목록이라 할 수 있으며, 이러한 기본적인 정서 간의 결합은 또 다른 2차 정서를 자아낸다.

- 기쁨 +신뢰 = 사랑
- 신뢰 +두려움 = 복종
- 두려움 +놀라움 = 경외
- 놀라움 +슬픔 = 실망
- 슬픔 +혐오 = 후회
- 혐오 +분노 = 경멸
- 분노 +기대 = 공격
- 기대 +기쁨 = 낙관

그녀는 다음과 같이 덧붙인다.

"나는 학생들이 주어진 상황에서 느끼는 정서를 제대로 식별하고 전달하도록 돕기 위해 정서 수레바퀴를 사용한다. 게다가 나는 학생들이 독서를 하면서 새로운 감정 용어(정서를 나타내는 단어), 즉 정서 수레바퀴에 제시되어 있지 않은 감정 용어를 찾도록 격려한다. 몇몇 학생들이 다정함, 어리둥절함, 의심, 의기양양함 등과 같은 새로운

〈도표 3.1〉

Plutchik's Wheel of Emotions(플러칙의 정서 수레바퀴)

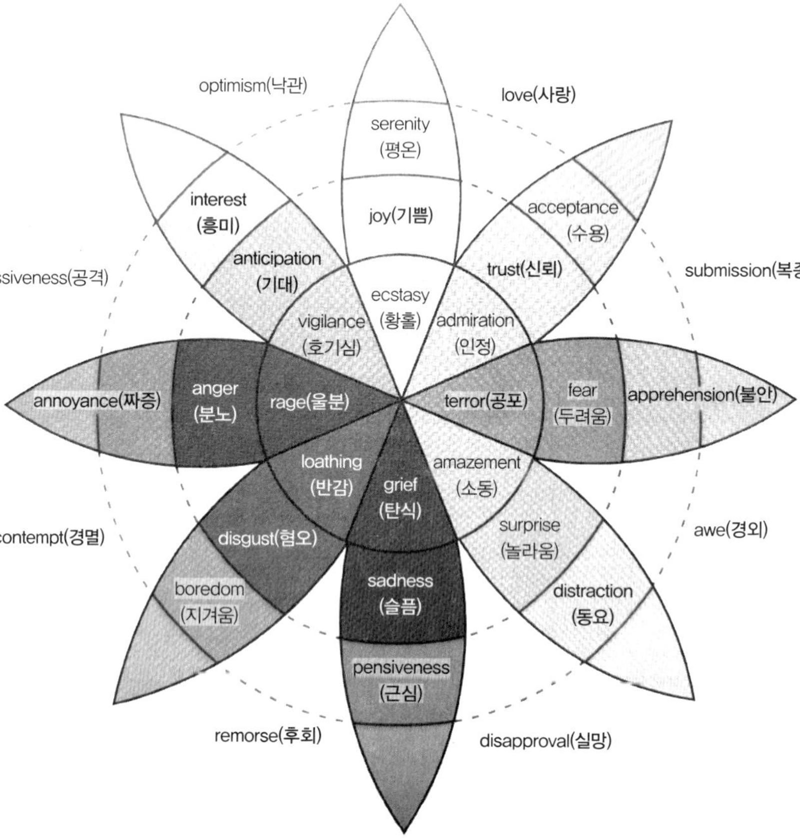

Source: Adapted from Plutchik-wheel.svg by Machine Elf 1735. Retrieved from Wikimedia Commons, https://commons.wikimedia.org/w/index.php?curid=13285286

단어를 찾은 것에 대해 흐뭇하게 생각한다. 또 나는 학생들에게 감정 용어의 사전적 의미를 가르칠 뿐만 아니라 글의 문맥 속에서 그 용어가 어떻게 사용되는지도 가르친다. 고무적인 것은 학생들이 자신의 정서와 타인의 정서를 좀 더 정확하게 이해하려고 한다는 점이다."

정서적 자기 지각

존스(Jones)와 그의 동료 연구자들은 "아이들은 주변 사람들과의 상호작용에 앞서 자신의 정서를 '지각하고 표현하고 조절하는' 법을 배워야 한다"라고 주장하였다. 정서를 지각할 수 있는 능력은 저절로 주어지는 것이 아니라 자신의 정서 상태와 타인의 정서 상태를 확인하고 이에 대해 말할 기회를 자주 가질 때 발전하는 것이다.

교사는 교실 내에서 학생들이 자신의 정서 상태를 올바르게 지각하도록 도울 수 있다. 예컨대 중학교 교사들은 공통된 정서 어휘를 형성하기 위해 'Inside Out(뒤집어서)'이라는 영화(Rivera & Docter, 2015)를 활용할 수 있다. 이 영화에 등장하는 인물— 기쁨, 분노, 두려움, 혐오, 슬픔 —은 플러칙의 정서 수레바퀴에서 차용된 것이며, 새로운 도시로 이사한 후 갈등을 겪게 되는 라일리(Riley)라는 소녀에 의해 연출된다. 학교의 학생들은 일주일 동안 여러 차례 자신의 정서 상태를 기록해야 하며, 이 영화에서 언급된 다양한 정서가 각 학생의 책상에 시각적으로 표현되어 있다.

무엇보다 고무적인 것은 시간이 지남에 따라 학생들이 습관처럼 자신의 정서 상태를 지각한다는 것이다.

한편 초등학교 교사들은 학생들이 자신의 정서 상태를 지각하고 이를 적절히 나타내도록 색상 카드를 사용할 수도 있다. 정서 조절 영역 모형은 정서 상태를 네 가지 색상 영역으로 구분하고 있다.

- **푸른색 영역:** 슬픔, 아픔, 피곤함, 지루함 ⋯▸ 움직임이 느림
- **초록색 영역:** 행복, 침착, 긍정, 집중 ⋯▸ 학습할 준비가 됨
- **노란색 영역:** 좌절, 걱정, 어리석음, 뒤숭숭, 흥분 ⋯▸ 통제력이 떨어짐
- **붉은색 영역:** 이성을 잃음, 분노, 공포, 비명, 폭행, 허세 ⋯▸ 통제 불능

이번 장의 첫머리에서 언급한 '행동 클립 도표'와는 달리 위의 색상 영역은 처벌적 속성을 띠고 있지 않다. 학생들의 행동 관리나 정서 조절을 위해 카이퍼스(Kuypers)의 색상 영역을 활용함으로써 '모든 사람은 정서를 지니고 있으며, 모든 정서는 판단의 대상이 아니라 수용의 대상이고 자연스러운 마음 상태이다. 정서는 좋고 나쁨이라는 외적 판단에 따라 구분되는 것이 아니라 느껴지는 정도에 따라 구분될 뿐이다. 그리고 자신의 정서를 지각하는 것은 자신의 정서에 따른 반응을 이해하고 조절하는 데 도움이 된다'라는 점을 배우게 된다.

김○○이라는 초등학교 3학년 교사를 예로 들어 보겠다. 그녀는 매일 아침 학생들이 교실에 도착하면 그들이 자신의 정서 상태를 확인하도록 당부한다.

"교실에는 학생 개개인의 이름이 적힌 자석 칠판과 여러 개의 색 자석이 있다. 학생들은 자신의 정서 상태를 색 자석으로 표시한다. 예컨대 자신의 정서 상태가 행복에 가까우면 자기 이름 옆에 초록색 자석을 붙여 놓고, 슬픔에 가까우면 푸른색 자석을 붙여 놓는다. 나는 자석 칠판에 붙여진 자석의 색을 보고 학생들의 정서 상태를 쉽게 확인하며 이에 따라 이들에게 적절한 피드백을 하게 된다."

그녀의 학생들은 책 속에 등장하는 인물의 정서 상태를 파악할 때도 색상 영역을 활용한다. 이는 글을 이해하는 데 도움이 될 뿐만 아니라 다른 사람의 정서 상태를 이해하는 데도 도움이 된다. 그녀는 매일 점심 후에 학생들에게 『Poppy(포피)』(Avi, 1995)라는 동화를 들려주는데 이는 학생들이 다양한 정서를 식별하는 데 도움을 준다.

"이야기 속에서 들쥐인 포피는 올빼미인 우훅스가 거짓말과 공포를 이용해 동물 세계를 다스려왔다는 사실을 깨닫는다. 포피는 이 새로운 정보로 무엇을 해야 할지를 곰곰이 생각하게 된다.

한 학생이 '지금 포피는 노란색 영역에 있어요'라고 말했다. 이 말에 공감을 표시하고 나서 나는 학생들에게 노란색 영역에 속한 정서 상태를 상기시켰다. 이어서 나는 학생들에게 '걱정이나 흥분 상태가 얼마나 쉽게 통제력 상실을 초래할 수 있는지'를 말해 주었다. 그리고 나는 '포피가 자신의 정서 상태에 주의를 기울이지 않는다면 무슨 일이 벌어질까? 포피가 자신의 흥분 상태를 조절하지 않는다면 무슨 일이 생길까?'라고 질문하였다. 이를 통해 학생들은 자신의 정서를 어떻게 조절하느냐에 따라 벌어지는 일이 달라질 수 있다는 점을 곰곰이 생각하게 되었다."

정서적 자기 조절에 능한 학생들은 자신의 정서 상태를 정확하게 지각하고 온종일 어떤 기분이 들지를 예상할 수 있으며, 자신의 정서적 안정감을 유지하는 노력을 할 수도 있다. 브래킷과 프랭크(Brackett & Frank)는 학생들에게 '자신의 정서 상태가 다양한 환경에서 어떻게 달라지는지'에 대해 생각할 기회를 제공해야 한다고 주장하였다. 이들은 학생들이 자신의 정서를 지각하는 데 도움이 되는 네 가지 물음을 제시하였다.

① 등교할 때 어떤 기분이 드는가?
② 수업 시간에 어떤 기분을 느끼는가?
③ 복도를 걸을 때, 급식실에 앉아 있을 때, 쉬는 시간일 때 등과 같이 주어진 상황에 따라 기분이 달라지는가?
④ 학교 수업이 끝났을 때 어떤 기분이 드는가?

교사라고 해서 학생들의 정서 상태를 완전히 알 수는 없으나 학생들에게 이와 같은 물음을 적절히 적용함으로써 이들의 기분이나 정서 상태를 좀 더 잘 이해할 수는 있을 것이다.

또 다른 예를 들어 보겠다. 권○○이라는 고등학교 1학년 과학 교사는 새 학년 첫 주 동안 학생들— 대부분 극도의 불안 상태에 놓여 있고 이들의 눈빛에는 두려움이 서려 있음 —에게 이들 자신의 정서를 예측하고 다루는 방법을 소개한다. 이를 위해 우선 그는 학생들과 함께 정서적 긴장을 유발하는 상황— 시험 치르기, 과제 발표하기, 낯선 사람과 대화하기, 토론에 참여하기 등 —을 두루 찾아본다. 그리고 학생들은 과학 수업 시간에 불안감을 유발할 것 같은 조건들을 나열하고 나서 이러한 조건들을 제거하기 위한 계획을 논의한다. 그는 "이 계획에는 호흡, 스트레칭, 눈 감고 있기 등과 같이 자신을 진정시키는 방법이 포함될 수도 있고 부정적인 학습 요인— 학습 부족, 학습 태만, 주의 산만 등 —을 없애는 방법이 포함될 수도 있다"라고 말하였다. 실제로 학생들은 과학 수업 시간에 유발될 수 있는 불안감을 없애기 위해 물 한 잔 마시기, 좋은 학습 파트너 찾기, 학습 점검표 작성하기, 실험하기에 적합한 자리 찾기 등과 같이 다양한 방법을 발견하였다.

충동 조절과 만족 지연

충동을 조절하고 만족을 지연하는 능력은 개인의 성격, 경험, 발달요인 등에 의해 영향을 받는다. 이러한 능력은 대체로 저학년보다 고학년에서 더 많이 찾아볼 수 있다. 고학년 학생들은 스스로 자신의 충동 조절 능력과 만족 지연 능력을 신장하기 위해 여러 가지 방안을 실천할 수도 있다. 이때 교사는 충동 조절과 만족 지연을 위한 학생들의 노력을 공개적으로 칭찬하고, 좀 더 구체적이고 효율적인 방안을 제시하여 학생들을 아낌없이 지원하는 것이다.

1) 충동 조절

"잘 생각해 보고 행동하렴."
"멈추고 생각해 보렴."
"행동의 속도를 줄이렴."

교사는 학생들이 경솔한 말이나 행동을 하려고 할 때 이와 같은 조언을 하게 된다. 이러한 조언은 학생들이 즉흥적으로 행동하는 대신에 신중한 선택과 행동을 하도록 잠시 멈춤과 성찰의 시간을 제공한다.

충동은 난데없이 나타나는 것 같지만 사실 충동은 항상 어떤 자극에 대한 반응으로 나타나며, 이러한 자극은 종종 분노, 지루함, 혼란, 불안 등과 같이 정서적인 성향을 띠는 경우가 많다. 그리고 충동 조절을 위한 열쇠는 충동을 유발하는 기제를 확인하고 충동과는 다른 방식으로 행동하는 것이다. 예컨대 한 남학생이 분노나 두려움은 자기 자신의 몸과 마음을 혹사하게 한다는 점을 인식한다면, 그는 다음에 분노를 느낄 때 '무엇을 할 것인지' 계획— 10까지 세기, 심호흡하기, 신뢰할 수 있는 어른에게 조언 구하기, 분노를 느끼게 하는 상황에서 잠시 벗어나기 등 —을 세울 수 있을 것이다.

학생들이 자신의 정서 조절에 필요한 여러 가지 방법을 찾고 이를 실천하도록 돕는 것은 교사에게 아주 유익하다. 분노를 느끼는 학생들이 충동 조절이라는 명분으로 반항심을 품은 채 교실 밖으로 뛰쳐나가는 장면을 상상해 보라. 이 얼마나 끔찍한 일인가? 이를 볼 때 교사는 학생들에게 다양하고 실용적인 충동 조절 방법을 제공해야 한다.

학생들이 분노나 공포와 같은 부정적이고 격한 정서 때문에 충동이 일어난다면, 이를 조절하도록 돕기 위해서는 교실 한곳에 '나만의 도피 공간'이 마련될 필요가 있다. 이 공간은 충동을 잊게 할 정도로 매혹적이고 고립적이어야 한다. 예컨대 초등학교 고학년이라면 교실 구석에 놓여 있는 안락의자에 앉는 것만으로도 자신을 진정시킬 수 있다. 저학년이라면 작은 텐트, 주저앉을 수 있는 콩 의자, 작은 담요 등과 같이 몸을 어느 정도 가릴 수 있는 도구가 필요할 수도 있다. 두말할 것도 없이 이 공간은 잠깐의 도피를 위한 안전한 장소로 사용되어야지, 처벌 장소로 사용되어선 안 된다. 이 공간은 정서적인 동요의 조짐을 보이는 학생들을 돕기 위해 사용되어야 하며, 다음과 같이 이들의 정서 상태를 알려줄 수도 있다.

"지금 너는 쉬는 시간에 제대로 놀지 못한 것 때문에 무척 화가 나 있는 것 같아. 화를 진정시키기 위해 안락의자에 앉아 있는 건 어때?"

중·고등학생의 경우엔 필요할 때 일정한 절차에 따라 스스로 휴식을 취할 수 있도록 자율성을 부여하는 것도 좋은 방법이다. 이를테면 수업 시간에 학생 A가 자신의 의견에 반대하는 학생 B에게 모욕적인 말을 하고 싶은 충동을 강하게 느낄 때, 학생 A는 자신의 충동을 조절하기 위해 잠시 교실을 떠날 필요가 있다. 이를 위해 몇몇 학교에는 TLC(Tender Loving Care, 사랑의 보살핌) 코너가 마련되어 있다. 복도 구석에 작은

테이블과 의자 두 개가 놓여 있으며, 테이블에 붙여진 표지판에는 '무엇을 도와드릴까요? 여러분을 위해 얼마든지 시간을 할애할 수 있어요'라는 문구가 적혀 있다. TLC 테이블 앞에는 학생 상담을 전문으로 하는 교사가 항상 대기 중이다. 격한 정서나 충동을 조절할 필요가 있는 학생이라면 누구나 TLC 코너에서 상담 교사와 대화를 나눌 수 있다.

충동 조절을 위한 또 다른 열쇠는 주의 깊은 경청이다. 훌륭한 경청자는 다른 사람이 하는 말의 의도, 맥락, 말투 등을 좀 더 정확하게 파악할 수 있다. 제대로 전달되지도 않고 이해되지도 않은 메시지가 얼마나 잦은 갈등을 초래하는가? 우리는 다른 사람의 말을 얼마나 자주 오해하는가? 교실에서 학생들은 30초 경청하기, 들은 대로 말하기, 말하는 사람의 의도 파악하기, 듣기 게임 하기 등과 같은 활동을 통해서 경청 기술을 기를 수 있다.

김○○이라는 중학교 3학년 사회 교사를 예로 들어 보겠다. 그는 교실에서 학생들의 듣기 능력을 발달시키기 위해 장벽 게임을 활용한다. 학생들은 둘씩 짝을 지어서 활동하며 상대방이 무엇을 하는지 볼 수 없도록 서로 등을 맞대고 앉는다. 한 학생은 학습 내용과 관련된 그림 카드—여러 나라의 국기, 지도, 문화유산, 교통수단, 통신수단 등 —를 준비하고, 다른 학생은 종이와 펜을 준비한다. 교사가 시작 신호를 알리면, 한 학생은 카드에 그려진 그림을 말로 자세히 묘사하고, 다른 학생은 상대방이 묘사하는 대로 그린다. 이런 활동을 자주 하다 보면 학생들의 의사소통 능력과 듣기 능력이 놀라울 정도로 향상된다. 요컨대 학생들이 상대방과 원활한 의사소통을 하고 상대방의 말을 경청함으로써 상대방을 오해하지 않고 좀 더 잘 이해한다면, 상대방을 향한 불필요한 부정적 감정이나 충동은 현저히 줄어든다.

몇몇 학생들은 충동 조절 능력을 키우기 위해 좀 더 개별화된 지원이 필요하다. 이런 학생들은 그 원인이 장애, 정신적 외상, 경험 부족 등에 있더라도 이로 인해 교사의 마음을 극도로 심란하게 할 수 있다. 또 일부 학생들은 다른 학생들에게 공격적인 태도를 보일 수도 있고, 부정적인 정서를 불러일으키는 상황에서 과잉 반응— 심한 짜증, 격한 행동, 대성통곡 등 —을 보일 수도 있다. 고학년의 경우엔 사사건건 시비조로 나올 수도 있다. 이때 무엇보다도 주의해야 할 점은 충동 조절 능력이 떨어지는 학생들의 외향적 행동이 발달상의 결핍이라기보다 이들의 성격과 부모의 양육 문제로 오인될 수 있다는 것이다.

앞에서 언급했듯이 충동 조절 능력이 떨어지는 학생들은 자신의 충동을 불러일으킨 요인에 대해 이해할 필요가 있다. 모든 사람의 행동은 무엇에 대한 반응이며, 특정한 상황을 피하거나 유지하려는 의도를 지니고 있다. 이는 인간 행동의 ABC 패러다임— Antecedents(선행요인), Behavior(행동), Consequences(결과) —과 관련되어 있다. 선행요인은 특정한 행동 이전에 선행되는 사건, 상황, 사건 속의 인물 등을 말한다. 선행요인은 행동 바로 직전에 발생할 수 있고, 행동 몇 시간 전이나 며칠 전에 발생할 수도 있다. 선행요인이 행동 바로 직전에 발생하는 예는 다음과 같다.

학생 A가 학생 B를 심하게 비난하고 욕하자 학생 B가 학생 A의 뺨을 때리는 경우이다. 누군가를 때리는 것은 다루어져야 할 문제행동이며, 그 문제행동을 유발한 선행요인 역시 다루어져야 한다. 한편 선행요인이 행동 몇 시간 전이나 며칠 전에 발생하는 예는 다음과 같다. 학생 C는 엄마와 아빠 간의 심한 말다툼 때문에 불편한 밤을 보냈다. 다음 날 아침에 그가 식사를 위해 식탁 앞에 앉았을 때, 그의 엄마는 눈물을 보이면서 아빠가 가족을 떠났다고 말하였다. 그는 밥을 먹지 않고 학교에 갔으며, 오전 수업 내내 부루퉁한 표정을 짓고 있었다. 점심시간에 그는 붐비는 복도를 걷다가 덩치 큰 몇몇 학생들을 밀쳤고, 교실에 와서 홧김에 옆에 앉은 짝을 때렸다. 이 경우에는 문제행동(몇몇 학생들을 밀치고 옆에 앉은 짝을 때림)을 유발한 선행요인(아빠의 가출로 인한 좌절과 불안, 수면 부족, 배고픔)이 오랜 시간 전에 발생하였다. 누군가를 밀치고 때리는 것은 다루어져야 할 문제행동이지만, 선행요인을 고려하지 않고 문제행동에만 초점을 두는 것은 정서적 지원이 필요한 학생 C에게 아무런 도움이 되지 않고 오히려 반항심만을 부추길 것이다.

이 두 가지 예는 충동 조절 장애의 한 형태를 보여주고 있다. 학생 B와 학생 C가 자신의 문제행동과 선행요인 둘 다 인식하도록 돕는 것은 이들의 충동 조절에 긍정적인 영향을 끼친다. 직장 이동으로 아빠와 떨어져 살게 된 경수라는 고등학교 1학년 남학생을 또 다른 예로 들어 보겠다. 그는 아빠와 떨어져 살면서부터 충동 조절의 어려움을 겪게 되었고, 그의 담임 교사는 걱정스러운 마음으로 그를 지켜보았다. 그는 사소한 문제에도 화를 냈으며, 수업 시간에 이리저리 몸을 흔들고 돌아다니거나 교실 밖으로 나가곤 했다. 경수의 담임 교사와 상담 교사는 그에게 적절한 도움을 주기 위해 여러 차례 면담하였다. 면담 이후에 그는 기분이 좋은 날과 기분이 나쁜 날에 자신의 말과 행동이 어떻게 달라지는지를 인식하려고 했으며, 나아가 자신의 부정적인 말과 행동을 유발한 선행요인을 인지하려고도 하였다. 마침내 그는 자신의 부정적인 말과 행동을 유발한 일차적 선행요인이 수면 부족이라는 걸 알게 되었다. 시간이 지남에 따라 그는 수면을 충분히 취하였고, 이와 동시에 아침 식사 후 마음을 가다듬는 시간을 갖게 되었다. 이뿐만 아니라 그는 자기 자신에 대해 좀 더 많은 것을 알게 되었고, 자신의 말과 행동에 대한 선행요인에 주의를 기울였다.

인간 행동의 ABC 패러다임에서 행동(Behavior)과 결과(Consequences)를 관련지어 보는 것도 큰 의미가 있다. 결과는 글자 그대로 행동의 결과이다. 이러한 결과는 네 가지 유형— 사회적 관심, 회피, 이익을 챙김, 영향력 —으로 구분될 수 있다. 이 네 가지 유형의 결과는 모두 일상생활에서 특정한 역할을 지니고 있으며, 사람들 대부분은 이런 결과를 어떻게 가져올지에 대해 관심이 많다. 〈도표 3.2〉는 각각의 결과를 낳는 두 가지 행동— 사회적으로 용인될 수 있는 행동과 사회적으로 용인될 수 없는 행동 —에 관한 사례를 보여주고 있다. 보다시피 각 결과를 낳기 위해 선택할 수 있는 행동은 긍정적인 성향의 행동과 부정적인 성향의 행동으로 나뉜다.

충동 조절 능력이 떨어지는 학생들은 자신의 욕구를 충족시키는 다양한 방법을 알지 못한다. 이들은 자신이 원하는 것을 얻기 위해 가장 단편적인 행동에 의존하며, 그 행동이 사회적으로 용인될 수 있는지를 고려하지 않는다.

〈도표 3.2〉는 부정적인 충동 행동에 숨겨진 결과나 의도를 파악하는

데 유용하다. 예컨대 수업 시간에 소리를 계속 지르는 학생은 사회적 관심을 받고 싶어서 그럴지도 모른다. 수업 시간에 갑자기 화장실에 가려는 학생은 어려운 학습 과제를 회피하기 위해서 그럴지도 모른다. 또래의 학용품을 허락 없이 함부로 사용하는 학생은 자신의 요구를 부탁할 의사소통 능력이 부족할 수도 있다. 교사가 수업을 방해하는 학생에게 자리를 옮기라고 지시했을 때 "나에게 명령하지 마세요!"라고 말한다면, 그 학생은 교사의 지시를 따르기 전에 또래들 앞에서 자신의 존재감과 영향력을 과시하기 위해 그럴지도 모른다.

학생들의 말과 행동에 숨겨진 의도나 결과를 이해하는 것은 이들이 특정한 결과를 얻기 위해 행하는 부정적인 행동을 긍정적인 행동으로 대체하도록 하는 데 도움을 줄 수 있다. 이를테면 수업 시간에 손을 들고 발언 기회를 기다리기보다 큰 소리로 먼저 발언하는 학생은 교사의 도움을 받아 이런 행동을 줄이기 위한 계획을 세울 필요가 있다. 만약 수업 시간에 그 학생이 손을 들고 발언 기회를 기다리는 모습을 보여준다면, 교사는 그 학생에게 다가가서 "참 잘했어. 오늘처럼 손을 들고 발언 기회를 기다리기만 해도 넌 얼마든지 발언할 수 있단다. 난 항상 네가 하는 말과 행동에 관심을 기울이고 있으니, 나의 관심을 받지 못할까 봐 걱정 안 해도 돼"라고 말해 줄 수 있다. 교사의 이 같은 긍정적인 말은 그 학생의 바람직한 행동을 더욱더 강화한다.

〈도표 3.2〉

결과를 낳는 두 가지 유형의 행동 비교

결과	사회적으로 용인될 수 있는 행동	사회적으로 용인될 수 없는 행동
사회적 관심	당신은 동료들에게 미소 지으면서 유쾌하게 "안녕!"이라고 인사한다. 그리고 이들 역시 당신에게 유쾌하게 인사한다.	당신은 동료들에게 모욕적인 말을 한다. 그리고 이들이 화를 내면, 당신은 "농담으로 받아 줄 수 없어?"라고 말한다.
회피	당신은 지루한 모임에서 정중하게 자리를 뜬다. 그리고 당신은 약간의 휴식을 취한다.	당신은 지루한 모임에서 "너무 지루해! 제발 모임을 끝내자!"라고 외친다.
이익을 챙김	당신은 커피숍에서 커피를 마시기 위해 돈을 낸다.	당신은 커피숍에서 커피를 마시고 돈을 내지 않고 밖으로 나간다.
영향력	당신은 가게 주인에게 불량품에 대한 고객 편지를 쓴다.	당신은 구매 취소 요구서를 벽돌에 붙이고 나서 그 벽돌을 가게 창문에 매달아 놓는다.

영향력이라는 결과를 가져오려는 행동은 두려움에 근거하기 때문에 다루기가 어려울 수 있다. 말할 것도 없이 두려움은 자기 보호와 관련되어 있으며, 주의력과 충동 조절 능력이 떨어지는 학생은 두려움이나 위기감을 다루는 데 어려움을 지니고 있다. 또래들 앞에서 교사의 지시를 거부하는 학생의 내면에는 자신의 위신이나 존재감이 사라질지도 모른다는 두려움이 자리 잡고 있다. 이때 교사는 상황을 악화시키지 않도록 침착하고 포용적인 태도를 유지해야 한다. 나아가 장기적으로 교

사는 그 학생의 바람직한 행동을 이끄는 환경— 예컨대 학생 수준과 흥미를 고려한 수업, 교사와 학생 간의 좋은 관계, 긍정적인 사회·정서적 기술 등으로 가득 찬 교실 환경 —을 조성해야 한다. 이렇게 함으로써 그 학생은 교사의 지시를 따르는 것이 자신의 위신과 존재감을 상실하게 하는 것이 아님을 깨닫게 된다.

정신적 외상을 겪은 학생들이 그렇지 않은 또래들에 비해 충동 조절 능력이 떨어지는 것은 놀라운 일이 아니다. 어린 시절의 부정적인 경험에는 아동 학대, 가족의 역기능, 사회적 불이익 등이 있으며, 이런 경험을 한 학생들은 정신적 외상을 겪는 경우가 많다. 요컨대 교사는 이러한 학생들의 말과 행동에 세심한 주의를 기울여야 하며, 이들을 배제의 대상으로서가 아니라 포용과 도움의 대상으로 여겨야 한다.

2) 만족 지연

'만족 지연'이라는 말을 언급하면 교사들 대부분은 마시멜로 실험— 스탠퍼드 대학의 심리학자인 월터 미셸(Walter Mischel)이 4~6세 아이들을 대상으로 수행한 연구 —을 생각할 것이다. 월터 미셸은 아이들에게 마시멜로 한 개를 나누어 주면서 말하였다.

"여러분은 지금 즉시 마시멜로 한 개를 먹을 수 있단다. 하지만 15분 동안 먹고 싶은 걸 참으면 마시멜로 두 개를 먹을 수 있난나." 그는 아이들을 남겨둔 채 연구실 밖으로 나왔다. 몇몇 아이들은 그가 나가자마자 마시멜로를 먹었고, 나머지 아이들은 약속된 두 개의 마시멜로를 얻기 위해 15분 동안 먹고 싶은 욕구를 참으려고 이런저런 노력— 딴생각하기, 눈 감고 있기, 마시멜로가 보이지 않도록 몸 돌리기 등 —을 하였다. 그는 마시멜로 실험에 참여한 아이들을 대상으로 종단 연구까지 수행하였다. 그 결과는 다음과 같다. "만족을 지연하는 능력은 아이들의 나이와 어느 정도 관련되어 있다. 그리고 마시멜로를 얻기 위해 15분 동안 먹고 싶은 욕구를 참은 아이들은 그렇지 못한 아이들보다 SAT(대학수능시험) 점수가 더 높았고 전두엽도 더 발달하였다."

교사는 합리적이고 실현 가능한 교실 목표를 달성하기 위해 시기적절한 보상을 마련함으로써 학생들의 만족 지연 능력을 키울 수 있다. 만약 보상 시점이 아이들의 나이에 비해 너무 멀다면 보상 효과는 떨어질 것이다. 이를테면 1년의 과정을 다 마친 후에라야 받을 수 있는 보상은 유치원생들에게 그다지 합리적인 것은 아니다. 이들에겐 하루의 과정을 다 마치면 받을 수 있는 보상이 합리적이다. 교실의 모든 학생이 시험에서 만점을 받을 것이라는 기대에 근거하여 마련한 보상 역시 합리적이지 않다. 오히려 학급 평균 점수를 올림으로써 받을 수 있는 보상이 합리적이다. 교사가 학생들이 달성하기에 불가능한 목표를 세우는 것은 이들에게 동기를 부여하지 않는다.

안○○이라는 초등학교 2학년 교사를 예로 들어 보겠다. 스포츠를 무척 좋아하는 그녀의 교실은 스포츠 관련 물품으로 가득 차 있다. 그녀의 관심사를 반영이라도 하듯이 그녀의 교실에는 학생들의 성과에 따른 보상 점수를 보여주는 전자 점수판이 설치되어 있다. 그녀의 말이다.

"나는 친구 돕기, 협력해서 과제 해결하기, 친절과 배려 베풀기 등과 같은 우호적 행동을 실천하는 학생들에게 보상 점수를 부여한다. 그리고 학년 초에는 5,000점을 받은(보통 1주일 정도 걸림) 학생들에게 보상물을 제공하며, 시간이 지남에 따라 보상물을 받을 수 있는 점수를 조금씩 올린다. 이를테면 5,000점이 아니라 10,000점을 받은(보통 2~3주일 걸림) 학생들에게 보상물을 제공한다. 지금 우리 반 학생들은 100,000점에 도달해야 보상물을 받을 수 있으며, 보상물을 받는 데 걸리는 시간이 길어졌음에도 불구하고 아무런 불만 없이 학생으로서 해야 할 일을 성실히 수행하고 있다."

처음에 수행된 마시멜로 연구는 아이들의 만족 지연 능력에 영향을 끼칠 수 있는 환경 요인을 고려하지 않았다. 최근에 몇몇 연구자들은 아이들의 만족 지연 능력과 어른들의 약속 이행(~을 잘하면 ~을 해줄게) 간에 어떤 관계가 있는지를 연구하였다. 이들은 3세의 아이들을 대상으로 마시멜로 실험을 했으며, 특이한 점은 아이들을 두 부류— 어른들의 약속 불이행을 경험한 아이들과 경험하지 않은 아이들 —로 구분한 것이다. 어른들의 약속 불이행을 경험한 아이들은 '마시멜로 먹기'라는 만족을 3분 동안 미루었으나 어른들의 약속 불이행을 경험하지 않은 아이들은 무려 12분 동안 그 만족을 미루었다. 3세 아이들에게 이러한 9분의 차이는 사실 엄청난 것이다. 이 결과는 교사들이 학생들로부터 한결같은 신뢰를 받아야 함을 시사하고 있다.

스트레스 관리

스트레스는 환경에 대한 생리적인 반응— 예컨대 심장 박동 수가 증가함, 호흡이 빨라짐, 아드레날린이 분비됨 —이다. 스트레스는 일반적으로 부정적인 상황과 관련되어 있지만, 좀 더 엄밀히 말하면 긍정적인 스트레스와 부정적인 스트레스로 구분될 수 있다. 긍정적인 스트레스는 아침의 활력, 학습 동기, 성과, 행복감 등에 긍정적인 영향을 끼친다. 반면에 부정적인 스트레스는 학습 동기, 성과, 행복감 등에 부정적인 영향을 끼친다.

부정적인 스트레스를 받는 학생들은 대체로 학업 성적이 좋지 않고, 배운 것을 쉽게 잊어버리거나 학습 의욕이 떨어지는 경향이 있다. 교실 수업에 관해 연구한 라미레즈(Ramirez) 등은 "스트레스는 교과 지식에 대한 망각을 촉진한다"라는 결과를 내놓았다. 이뿐만 아니라 스트레스는 새로운 정보를 받아들일 능력을 떨어뜨린다.

학생들은 자신의 스트레스 수준을 인식하고 관리하는 기술을 배울 필요가 있다. 한 가지 추천할 만한 것은 학생들이 긍정적인 생각과 태도를 지니는 방법에 대해 배우는 것이다. 이런 방법은 수많은 교실에서 시도되었고 상당히 효과적이었다. 신○○이라는 초등학교 2학년 교사를 예로 들어 보겠다. 그녀는 학생들이 '나는 좋은 학생이야.', '나는 뭔가 배우는 걸 좋아해.', '교실에서 나는 자랑스러운 학생이야.' 등과 같이 긍정적인 생각을 하도록 격려한다. 그녀의 말이다.

"자기 자신에 대한 긍정적인 생각은 자신감을 키우고 스트레스를 줄이는 데 도움이 된다. 그리고 간단한 호흡법— 눈을 감고 깊게 숨을 들이쉰 다음에 벌처럼 부드럽게 흥얼거리면서 입으로 천천히 숨을 내쉼 —은 마음을 진정시키고 집중력을 높이는 데 도움이 된다."

커디(Cuddy)는 "학생들은 어려운 과제를 수행하기 전에 혹은 스트레스 상황에서 자신의 신체를 이완— 기지개 켜기, 팔과 다리 쭉 펴기, 목 돌리기 등 —함으로써 정신적 압박감, 즉 스트레스를 완화할 수 있었다."라는 연구 결과를 내놓았다. 그리고 그의 연구 결과는 55개의 연구에 대한 메타 분석을 통해 유의미한 것으로 입증되었다.

물론 교사는 학생들이 긍정적으로 생각하도록 지원하는 것 이상의 역할을 해야 한다. 학생들의 스트레스 수준을 줄이는 환경을 조성하는 것 역시 중요하다. 물리적 환경은 깔끔하고 소박해야 하며 어수선하고 복잡해선 안 된다. 그리고 외부의 소음 수준은 완전히 통제될 수는 없더라도 식물, 천으로 덮인 소파, 양탄자 등을 사용함으로써 어느 정도 낮출 수는 있다. 교사는 학생들에게 이들이 교실에서 일으키는 소음 수준을 알리고 집단적인 소음 수준을 줄이는 방법을 가르쳐야 한다. 강○○이라는 초등학교 3학년 교사를 예로 들어 보겠다. 그녀는 학생들에게 적절한 소음 수준을 알리기 위해 바닥 램프를 사용한다. 램프의 불빛이 희미해지면 학생들은 독서를 할 때처럼 소음 수준을 최대한 낮춰야 하며, 램프의 불빛이 밝아지면 학생들은 협동 학습을 할 때처럼 소음 수준을 높여도 된다.

교실의 학습 운영을 조정하는 것 또한 학생들의 스트레스를 줄이는 방법이 될 수 있다. 이를테면 본시험을 일주일 정도 앞두고 치르는 예비시험은 학생들의 스트레스를 줄이는 효과가 있다. 예비시험은 본시험의 축

소판이며 주요 내용과 개념을 강조하기 위해 치러지는 경우가 보통이다. 예비시험의 점수가 공식적인 학업 성적에 포함되지는 않으나 학생들은 이 점수를 통해 자신의 학습 수준과 방향을 가늠해 볼 수 있으며, 특히 본시험의 불확실성이 주는 스트레스로부터 어느 정도 벗어날 수 있게 된다. 예비시험에 대한 메타 분석은 다음과 같은 결과를 내놓았다.

"예비시험은 초중고 학생들의 학습에 효과적이었으나 특정 학습단원에 대한 여러 번의 예비시험은 학습에 그다지 효과적이지 않았다. 중요한 것은 학생들이 예비시험을 통해 자신의 학습 수준을 반성하고 앞으로의 학습 방향을 개선할 때에만 그 효과가 배가된다는 점이다."

마지막으로 학생들이 자신의 스트레스를 인식하도록 돕는 것은 이들의 학습에 긍정적인 영향을 끼칠 수 있다. 이를 입증이라도 하듯이 수많은 SEL(사회·정서적 학습) 프로그램에는 스트레스 인식과 관리에 대한 구체적인 방법이 포함되어 있다. 정○○이라는 초등학교 5학년 교사를 예로 들어 보겠다. 그는 교실 게시판에 '스트레스를 느낄 때 해야 할 10가지 일'이라는 목록을 붙여 놓고 학생들과 함께 이를 실천한다. 그의 말이다.

"학생들은 목록에 제시된 10가지 일을 실천함으로써 자연스럽게 스트레스 관리 기술을 익히게 된다. 내가 가장 강조하는 것은 심호흡, 스트레칭, 잠시 멈추고 눈 감기 등과 같은 신체 이완이다. 그다음으로 강조하는 것은 스트레스를 느낄 때 가족, 교사, 친구 등, 주변 사람과 함께 자신의 스트레스에 관해 이야기를 나누라는 것이다."

대처

대처는 주로 스트레스 관리와 불안 조절에 관한 메커니즘이며, 이를 위한 기술은 정서 조절 능력과 인지 조절 능력 둘 다와 관련되어 있다. 인지 조절과 관련된 대처 기술에는 문제 인식, 문제해결, 도움 요청 등이 있다. 그리고 정서 조절과 관련된 대처 기술에는 주어진 상황 수용하기, 잠시 멈추고 주의를 딴 데로 돌리기, 부정적인 생각 버리기, 충동 조절하기, 회피하기 등이 있다. 한편 대처는 긍정적인(유익한) 형태와 부정적인(해로운) 형태로 구분될 수 있다. 부정적인 형태의 대처, 즉 부정적인 대처 기술에는 자기 자신 비난하기, 남 탓하기, 맹목적으로 거부하기, 다른 사람과 절교하기 등이 있다. 반면 긍정적인 대처 기술은 삶의 경험에서 불만족 요인보다 만족 요인에 주의를 기울이게 하는 기제로 작용할 수 있다.

스트레스와 불안감에 대한 긍정적인 대처 기술 중 하나는 '주의를 딴 데로 돌리기'이다. 이것은 사회·정서적 기술의 한 요소로서 누구라도 실천할 수 있는 기술이다. 권○○이라는 초등학교 6학년 교사를 예로 들어 보겠다. 그는 학생들이 교실 안팎에서 손쉽게 실천할 수 있도록 '주의를 딴 데로 돌리기'에 관한 실천 목록을 만들었다. 이 실천 목록은 학생들의 생리적 상태를 바꾸거나 기분을 전환하는 데 초점을 두고 있으며, 여기에는 자전거 타러 가기, 주변 산책하기, 물 마시기, 손가락 운동하기, 애완동물 돌보기, 책 읽기, 음악 듣기, 자신을 배려해 주는 사람들과 진솔한 이야기 나누기, 일기 쓰기 등이 포함되어 있다.

마무리

정서는 학습과 행동에 영향을 끼칠 뿐만 아니라 디젤 엔진의 속도 조절기처럼 정보와 경험이 작용하는 속도를 조절한다. 그리고 정서는 충동 조절이나 만족 지연과 깊은 관계가 있으며, 정서가 지나치게 격해질 때 뇌와 몸은 과부하 상태가 될 수 있다. 학생들은 자신의 정서를 정확하게 식별하는 방법을 배울 필요가 있으며, 특히 자신의 몸과 마음을 보호하기 위해 스트레스와 불안감에 대한 긍정적 대처 기술을 습득할 필요가 있다. 나아가 교사는 학생들의 전반적인 정서 조절 능력을 키우기 위해 교실 환경과 학교 환경을 두루 점검하고 재구성할 필요가 있다.

교사를 위한 반성적 물음

1. 당신의 학생들은 언제 어디에서 '자신의 정서와 타인의 정서를 식별하는 방법'을 배우는가?
   당신은 학생들에게 정서와 관련된 어휘를 어떤 방법으로 가르치는가?
2. 당신은 학생들에게 어떤 방법으로 정서적 자기 조절 기술을 가르치는가?
3. 당신의 학교에는 학생들의 충동 조절 능력을 키우는 방안이 마련되어 있는가?
4. 당신은 학생들의 만족 지연 능력을 키우기 위해 어떤 자원을 활용하는가?
5. 당신은 어떤 방법으로 학생들의 스트레스 수준을 파악하는가?
   그리고 학생들의 스트레스 수준을 낮추기 위해 교실 환경을 어떻게 조성하는가?
6. 당신은 학생들이 사용하는 긍정적 대처 기술과 부정적 대처 기술에 대해 알고 있는가?

제4장

인지 조절

초등학교 3학년인 동수는 자기 자리에서 신이 난 듯한 몸짓을 한다. 잠시 후에 그는 한 달 동안에 걸쳐 작성한 멀티미디어 보고서를 제출할 것이다. 학생들에게 부과된 과제는 이들이 선택한 국가에 대해 보고서를 작성하고 발표하는 것이었다.

메타 인지 | 주의력 | 목표 설정
문제 인식 및 문제해결
도움 요청 | 의사결정 | 조직 기술

동수는 코스타리카에 관한 보고서를 작성하고 발표를 준비했다. 동수는 수업이 시작되기를 기다리면서 자신의 보고서 작성 과정에 대해 생각했다.

과제를 부여받았을 때 동수는 부모와 함께 과제 해결 방법에 관해 이야기를 나누면서 봄방학 전에 과제를 끝내고 싶다고 말했다. 그리고 동수는 디지털 스토리텔링 프로그램을 잘 알지 못했기 때문에 형에게 기술적 도움을 요청하였다. 수업 중에 동수는 온라인 검색을 통해 코스타리카 국기의 이미지를 찾으면서 이 나라가 며칠 내에 대통령 선거를 치를 것이라는 사실을 알게 되었다. 동수는 작성 중인 보고서에 이 사실을 추가하였다. 이후 몇 주에 걸쳐서 급우들과 함께 서로의 보고서를 검토하고 피드백을 주고받았다. 각 학생은 자신의 보고서를 수정하고 5분간의 발표 시간을 넘기지 않도록 발표 연습을 하였다. 동수는 발표 시간을 조절하는 게 힘들었으나 과제 해결 과정에서 자신감과 자부심을 느끼고 많은 것을 배웠다고 말하였다.

◆ ◆ ◆

동수가 과제를 해결할 수 있었던 것은 그의 인지 조절 능력에 기인한다. 동수는 스스로 계획을 세우고, 도움을 구하고, 조직적으로 과제를 수행하였다. 물론 동수가 과제를 해결하는 데는 교사의 역할이 중요하였다.

동수의 담임 교사는 인지 조절 원리를 잘 알고 있었다. 담임 교사는 학생들이 인지 조절 기술을 배우고 익히도록 다음과 같은 점에 주의를 기울였다.

- 학생들이 자신의 학습 진행 상황을 인지할 수 있도록 중간점검표 활용하기
- 과제를 좀 더 작은 요소로 세분화하여 제시하기
- 특정한 일을 계획하고 실천하는 방법에 대한 담임의 생각을 학생들과 공유하기
- 학생들의 의사결정을 지지하고 촉진하는 환경 조성하기
- 또래 피드백과 협력을 중요시하는 학급문화 조성하기

• 학생들의 과제 수행에 가족의 참여 유도하기

달리 말하면 동수의 담임 교사는 사회·정서적 학습(SEL)의 원리, 특히 인지적 자기 조절의 원리를 자신의 수업에 통합한 것이다. 앞 장에서 언급했듯이, SEL이 교사의 수업에 통합되지 않은 채 특정 프로그램으로만 국한된다면 SEL의 목표 달성은 제한적일 수밖에 없다. 이번 장에서는 교사가 매일 하는 수업과 가장 밀접한 관계가 있는 SEL의 요소, 즉 인지 조절에 대해 살펴볼 것이다.

인지 조절이란?

인지적 자기 조절은 앞 장에서 살펴본 정서적 자기 조절과 유사한 점이 많다. 인지적 자기 조절 학습은 일반적으로 계획적 행위, 메타 인지적 행위, 동기 유발, 목표 인식 등과 관련된 학습이다. 짐머만(Zimmerman)에 따르면 학생들은 인지적 자기 조절자— 자신의 학습 과정에 자발적으로 참여하는 메타 인지적 학생 —가 되길 기대받고 있다. 달리 말하면 학생들은 적극적인 학습 태도, 학습에 대한 책임, 교사의 수업 방식에 대한 적응력, 자기 성찰적 사고 등을 지님으로써 인지적 자기 조절 능력을 키울 수 있다. 이와 관련한 짐머만의 말이다.

"인지적 자기 조절 학습은 학생들이 정보 구성, 정보 활용, 정보 검색,

자기 평가, 기억 등과 관련된 기술을 습득하는 과정이다."

요컨대 한 개인의 인지 조절은 자신의 인지 과정에 대한 인지, 즉 메타 인지에 기초를 두고 있다.

메타 인지

아이들은 이르면 3세부터 메타 인지적 지식을 형성하고 발달시킬 수 있다. 메타 인지는 보통 '생각에 관한 생각'으로 이해되지만 좀 더 엄밀히 말하자면 다음과 같은 세 가지 능력의 조합을 의미한다.

① 자신과 타인의 생각을 인식하는 능력
② 어떤 일이나 문제를 해결하는 데 필요한 대책을 세우는 능력
③ 대책을 실천하는 방법을 찾는 능력

초보 수준의 메타 인지력을 지닌 미취학 아이들도 자신이 그림 퍼즐을 어떻게 완성했는지— 예컨대 상자 위의 그림을 보면서 그림 조각을 끼워 맞춤, 색깔별로 그림 조각을 정렬함, 가장자리 그림 조각을 먼저 끼워 맞춤 등 —에 대해 설명할 수 있다. 이같이 인지 과정을 상기하고 설명하는 능력, 즉 메타 인지력은 나이와 상관없이 모든 학습자에게 중요하며 다양한 분야의 전문 지식 발달과 밀접한 관련이 있다. 메타 인지력이 학생들의 학습 효과에 얼마나

큰 영향을 끼치는지 궁금할 수 있는데, 메타 인지력은 학생들이 학습발달을 위해 자신의 학습을 반성하고 계획하는 것을 가능하게 한다.

교사는 수업을 통해 학생들의 메타 인지력을 높일 수 있으며, 이를 위해 가장 잘 알려진 교수법은 상호적 교수법이다. 이 교수법에는 학생들이 텍스트에 대한 이해를 심화하도록 돕는 몇 가지 학습 약속이 포함되어 있다.

① 읽은 내용 요약하기
② 서로에게 질문하기
③ 다른 사람에게 명확하고 유용한 정보 제공하기
④ 후속 내용 예상하기

상호적 교수법은 학생들의 학습효과를 높일 수 있고 저학년 학생들에게도 유용하다. 그리고 상호적 교수법을 통한 독해력의 발달은 텍스트 내용에 기인한다기보다 학습 약속의 이행을 촉진하는 메타 인지적 과정에 기인한다. 해티(Hattie)는 상호적 교수법 연구에 대한 메타 분석을 통해 '상호적 교수법은 학생들의 학습에 상당한 영향(효과 크기= .74)을 끼쳤다'는 결과를 도출하였다. 이러한 결과에 비추어 보면 교사는 학습효과를 높이기 위해 학생들의 메타 인지력을 키울 수 있는 수업을 구성할 필요가 있다.

신○○이라는 초등학교 3학년 교사를 예로 들어 보겠다. 그는 학생들의 메타 인지적 사고를 촉진하기 위해 이들에게 자신의 메타 인지적 사고 과정을 본보기로 보여준다.

> "나는 우정에 관한 이 책을 다 읽어 보았단다. 지금 나는 아이들이 서로를 위해 친절하게 행동하는 장면을 떠올리고 있어. 아이들이 상대방의 감정을 상하게 했을 때 사과하는 장면이 참 인상적이었어. 나는 이 책에서 배운 내용을 열거하고 나서 가장 먼저 실천해야 할 내용을 선택할 거야. 이뿐만 아니라 나는 우정에 관한 여러 가지 교훈도 서로 비교도 해 볼 거야."

그는 또한 학생들에게 메타 인지적 사고와 관련된 여러 가지 실천 기회를 제공한다. 그의 교실 게시판에는 학생들이 실천할 수 있는 메타 인지적 사고 활동의 예가 다음과 같이 제시되어 있다.

- 이미 알고 있는 내용 상기하기
- 배운 내용 요약하기
- 다른 사람에게 자신의 지식과 기술 소개하기
- 목표 설정하기, 그리고 목표 진행 상황 점검하기
- 과제 수행을 평가하고 수정하기

이뿐만 아니라 그는 학생들이 학교 안팎에서 달성하고 싶은 목표와 목표 진행 상황을 기록하도록 학년 초에 '성공 노트'를 나누어 준다. 학생들은 성공 노트를 활용해서 자신의 학습을 반성한다. 한 여학생은 성공 노트에 다음과 같이 기록하였다.

"성공 노트에 중요한 학습 내용이나 목표를 기록할 수 있어서 공부에 많은 도움이 되었다. 지난주까지만 하더라도 나는 나눗셈 문제 풀기가 서툴렀는데 오늘 드디어 그 방법을 완전히 터득하였다. 선생님에게 내가 터득한 나눗셈 문제 풀기 방법을 알리고 싶다. 내일 수학 수업이 기다려진다."

이 여학생은 메타 인지적 사고 활동에 익숙해지면서 학습에 대한 의욕, 책임, 도전 등과 같은 긍정적 태도를 지니게 됐음을 이 노트를 통해 알 수 있다.

주의력

메타 인지력(생각에 대해 생각하는 능력)과 함께 주의력(한 가지 일이나 생각에 마음을 집중하여 나가는 힘) 역시 학생들의 학습에 큰 영향을 끼친다. 학교에서 학생들은 오랜 시간에 걸쳐서, 특히 단조로운 활동에서조차도 주의력을 유지할 필요가 있다. 주의력의 지속 시간은 수행해야 할 과제나 활동의 특성에 따라 달라지겠지만 일반적으로 초등학교 저학년의 주의력 지속 시간은 5~10분 정도이다.

사실 한 개인의 주의력이 지속하는 듯하다가도 어느 순간에 갑자기 주의력 상실로 이어지는 경우가 있다. 이는 주의력을 방해하는 일이나 생각이 발생했기 때문이다. 어떻게 보면 주의력을 유지하는 기술은 주의력의 지속 시간을 얼마나 많이 늘리느냐에 대한 것이라기보다 상실된 주의력을 얼마나 빨리 회복하느냐에 관한 것일 수도 있다. 주의력이 떨어지는 순간을 알아차리고 원래의 주의력을 회복하는 데 도움이 되는 방법— 머릿속에 떠오른 잡념을 노트에 기록하고 나서 다시 본래 일에 집중하기, 숨을 여러 차례 깊이 들이쉬기, 산책하기 등 —을 사용하는 것도 좋은 기술일 수 있다.

어른들은 주의력과 노력을 지속하기 위해 여러 가지 기술을 일상적으로 사용한다. 예컨대 주어진 시간 내에 어떤 일을 완료해야 할 때 타이머를 설정해 두면 일에 대한 주의력이 높아진다. 영국 빅토리아 시대의 유명한 작가인 앤서니 트롤로프(Anthony Trollope)는 매일 아침 일찍 3시간 동안 타이머를 설정해 놓고 소설을 집필하였다. 그는 35년간 49편의 소설을 쓰면서 거의 하루도 빠짐없이 타이머를 사용하였다.

지난 10년간 중학생이나 고등학생을 가르쳤던 교사라면 누구나 교내에서 스마트폰을 사용하는 학생들과 이러저러한 갈등을 경험했을 것이다. 얼마나 비참한 일인가? 로젠(Rosen)은 '15분간의 자율학습 시간 동안 학생들이 취한 행동'에 관한 연구 보고서에서 "연구자들은 학생들이 실제로 학습에 참여한 평균 시간이 10분도 채 되지 않은 것을 발견하고 낙담하였다"라는 점을 언급하였다. 다시 말하면 정해진 자율학습 시간의 3분의 1 이상이 학생들의 스마트폰 만지작거림(소유하고 있는 물건이 온전히 잘 있는지 확인하는 행위)으로 허비되었다는 것이다. 하지만 15분간의 학습 시간이 끝나고 학생들의 스마트폰 만지작거림을 1분간 허용했을 때, 학생들은 이전보다 더 높은 비율로 학습 주의력을 유지하였다.

앞의 보고서에 언급된 사례를 생각해 보자. 학생들의 학습 주의력이 떨어진 것은 스마트폰의 소유 때문이 아니라 스마트폰 분실에 대한 불안감 때문이었다. 요컨대 스마트폰 분실에 대한 학생들의 불안감을 줄이기 위해 학습 조건을 바꾼 것이 이들의 학습 주의력을 높인 셈이 되었다. 이처럼 교사는 학생들의 주의력에 긍정적인 영향을 끼치는 학습 환경을 조성할 수 있다. 교사가 평가, 읽기, 쓰기 등과 같은 학습활동에서 조용한 환경을 조성한다면 학생들의 주의력과 성과는 높아질 것이다.

최○○이라는 초등학교 6학년 교사를 예로 들어 보겠다. 그는 주의력에 영향을 끼치는 요인으로 생물학적 요인과 환경적 요인 둘 다 고려한다. 그는 학생들과 함께 '학습에 도움이 되는 환경을 어떻게 조성할지', '두뇌는 주의력에 어떤 영향을 끼치는지', '과학 숙제를 할 때 음악을 듣는 것이 주의력 향상과 학습 효과에 도움이 되는지' 등을 이야기 하곤 한다. 다음과 같은 그의 말에 귀를 기울여 보자.

"나는 수업 시간에 자연현상과 사회현상을 통합적으로 다룰 뿐만 아니라 학습 주의력을 높이는 방법도 함께 가르친다. 그리고 메타 인지력을 키우도록 학생들이 과학적 지식을 실생활에 응용하도록 적극적으로 유도하고 독려한다."

교사의 메타 인지력은 학생들의 주의력 향상에 긍정적인 영향을 끼친다. 메타 인지력이 높은 교사는 학생들이 주의력을 잃고 산만해지는 순간을 정확히 포착한다. 특히 이러한 교사는 외향적인 학생 행동을 무례

함으로 단정 짓지 않고 학생들의 주의력 상실을 이들의 성격적 결함 탓으로 돌리지 않는다. 대신에 학생들의 언어와 몸짓에 주의를 기울이며 수업 진행 속도와 활동을 조절한다. 이때 학생들의 마음을 진정시키고 주의력을 회복하기 위해 수업 활동을 잠시 멈추고 심호흡이나 손뼉치기를 이용할 수도 있다. 학생들이 잠시 멈춤의 시간을 갖는 목적을 이해하면 학생들 스스로 자신의 몸 상태나 마음 상태를 살피고 변화가 필요할 때 기꺼이 이를 바꾸고자 한다.

이○○이라는 중학교 역사 교사를 예로 들어 보겠다. 그는 학생들의 학습 주의력을 회복하기 위해 '생각 공유'라는 학습활동을 이용한다. 먼저 학생들에게 특정 주제나 문제에 대해 조용히 생각할 시간을 제공한다. 생각을 정리한 학생들은 2인 1조가 되어 서로의 생각을 공유하며, 짝끼리 충분히 생각을 나눈 다음 앞뒤 학생과 4인 1조를 만들어 서로의 생각을 공유한다. 그의 말이다.

"학생들은 '생각 공유'라는 학습활동을 통해 학습 내용과 이에 대한 자기 생각을 정리할 수 있게 되었고, 나아가 다른 학생들의 생각까지도 확인할 수 있게 되었다. 이뿐만 아니라 학생들은 어려운 학습 문제와 직면했을 때 이를 외면하지 않고 서로 함께 고민하고 해결책을 찾으려는 적극성을 띠게 되었으며, 무엇보다도 학습 주의력과 인내력이 높아진 것이 고무적이었다."

목표 설정

교사로서 당신은 '동기 부여가 되지 않음' 또는 '의욕 상실'이라는 말을 들어 본 적이 있을 것이다. 의욕 상실에는 여러 가지 이유가 있겠지만 무엇보다도 특정 활동에 대한 뚜렷한 목표가 없다는 것이 의욕 상실의 근본 이유라 할 수 있다. 학생들이 학습에 의욕적인지 아닌지는 학습에 대한 구체적인 목표를 지니고 있는지 아닌지와 깊은 관계가 있다.

학생들은 교사와는 달리 선택의 폭이 제한적이고 주어진 모든 학습활동에 참여하길 기대받으면서 온종일 학교에 있어야 한다. 이런 점을 고려했을 때 교사는 학생들이 자신의 학습 목표를 세움과 동시에 학습 의욕을 높이도록 최대한 지원해야 한다. 교사는 또한 학생들에게 '자신이 설정한 목표가 적절하고 실천 가능한지'와 '자신의 목표를 수정하고 개선할 여지가 있는지'를 숙고할 기회를 제공해야 한다.

물론 목표 설정이 학습에 긍정적인 영향을 끼치는 것은 사실이지만 성과 목표와 숙달 목표 간의 차이를 구별해야 한다.

1) 성과 목표

성과 목표는 순수한 학습 목표를 지향하는 것이라기보다 타인과 비교되는 개별 학생의 상대적 위치를 지향하는 것과 관련된 것이다. 즉 성과 목표는 자신의 성과와 타인의 성과를 비교하는 사회적 비교 요인을 지니고 있다. 성과 목표와 관련된 좋은 예는 4.5점 만점의 학점제일 것이다.

확실히 4.5점 만점을 목표로 세운 학생은 이를 성취하기 위해 다른 학생들보다 더 열심히 공부한다. 하지만 성과 목표에 대한 추구는 어떤 희생을 초래할 수도 있다. 학업 성적 1등을 차지하려는 치열한 경쟁이 학생들 간의 관계를 악화시킬 수도 있다는 점이다.

성과 목표는 성취, 인정, 존경 등에 대한 자연스러운 욕구를 반영한다는 점에서 매우 인간적일지도 모른다. 그러나 학습자의 목표가 과도하게 성과 지향적일 때 이러한 목표는 오히려 학습을 저해할 수 있다. 성과 목표를 추구하는 학생들은 타인의 시선을 의식하거나 타인의 인정을 받고자 하는 욕구가 강하기 때문에 높은 수준의 불안감을 지니는 경향이 있다.

이뿐만 아니라 이들은 새로운 도전에 상당히 소극적인 태도를 보이기도 한다. 아마도 이들은 좀 더 어려운 과목에서 자신의 학습력을 신장하기보다 A 학점이 보장되는 좀 더 쉬운 과목을 선택할 것이다. 이러한 선택에는 상대적으로 다른 학생들보다 성적이 떨어지는 것에 대한 불안과 두려움이 깔려 있다.

2) 숙달 목표

성과 목표와는 달리 숙달 목표는 학습 자체에 초점을 두고 있으며, 다른 학생들이 얼마만큼 성취하는지와는 상관없이 자신의 목표치를 달성하는 것에 관한 것이다. 숙달 목표를 지향하는 학생들은 학습 회복력과 지속력이 뛰어나고 좀 더 긍정적인 태도를 지니며, 자신의 성취를 노력의 결과로 인정하고 메타 인지적 기술을 효과적으로 사용한다.

한편 숙달 목표— 예컨대 좀 더 풍부한 가르침을 위해 다양한 책을 읽고자 함, 최고의 교사가 아니라 작년보다 좀 더 성장한 교사가 되고자 함, 직무 연수에서 높은 점수 획득에 초점을 두기보다 전문성 신장 자체에 초점을 두고자 함 등 —를 지향하는 교사들은 학생들에게 최고가 아니라 최선의 노력을 강조한다. 이러한 교사들은 학생들이 성과 목표에 집착하지 않도록 숙달 목표를 적절히 권장한다.

13~15세 학생들 대상의 한 연구는 숙달 목표를 갖는 것이 학업성취에 지속적인 긍정적 영향을 끼친다는 점을 시사하였다. 연구 대상이 된 학생들은 대부분 성과 목표를 지니고 있었다. 이들은 숙달 목표 지향적 환경을 기반으로 한 '3주간의 여름 과학 캠프'에 참가하였다. 이 캠프에서 운영된 프로그램은 주로 학생들의 관심사에 초점을 두고 있으며 숙달 목표 지향적 활동— 지적인 모험과 탐구, 학습 성과보다는 학습 과정과 학습 방법에 관한 종합적 피드백, 또래 협력과 정서 지원에 토대를 둔 사회적 학습 환경 조성 등 —을 강조하였다. 여름 과학 캠프가 끝날 무렵에 실시된 설문 조사에서 학생들 대부분은 성과 목표 지향적 태도에서 숙달 목표 지향적 태도로 바뀌었다고 응답하였다.

이 연구를 통해 학습 환경이 학생들의 목표 지향성에 영향을 끼친다는 점을 알 수 있다. 더 주목해야 할 점은 이 학생들이 다음 학년의 학습 환경이 성과 목표 지향적이었을 때에도 숙달 목표 지향적 태도를 유지하고 있었다는 사실이다. 요컨대 적절한 학습 환경을 통해 형성된 학생들의 숙달 목표 지향성은 내면화될 수 있다는 걸 보여주는 사례이다.

그렇다면 교사는 숙달 목표 지향성을 높이는 학습 환경을 어떻게 조성할 수 있을까? 학생들의 독서량을 공개적으로 알리기보다는 학생들이 자신의 독서량을 증가시키기 위해 사용하는 방법— 친구와 함께 책 고르기, 친구에게 책 소개하기, 동생에게 책 읽어 주기, 매일 학교 도서관 방문하기, 매월 자기 용돈으로 책 1권 사기 등 —을 알릴 수 있는 게시판을 마련하는 게 좋다. 또 학생들에게 학습 결과에 대한 '좋고 나쁨'을 판단하는 피드백을 제공하기보다는 학습 수행 과정에 대한 피드백— "난 네가 포기하지 않고 12분 동안 과제 해결에 집중했다는 걸 알고 있어." 혹은 "네가 능동적인 경청을 하고 있을 때 효과적인 학습이 이루어졌다는 걸 알고 있니?" —을 제공하는 게 좋다.

이뿐만 아니라 교사 스스로 숙달 목표 지향성을 내면화하고 학생들에게 목표 설정에 대한 본보기를 보여주는 것 역시 학생들의 숙달 목표 지향성에 긍정적인 영향을 끼친다. 달리 말하면 학생들을 위해 수업 활동을 적절히 조절하고 숙달 목표를 추구하는 교사는 숙달 목표 지향성을 높이는 교실 환경을 조성할 가능성이 매우 크다.

문제 인식 및 문제해결

인지 조절의 또 다른 핵심 요소는 문제를 인식하고 해결하는 능력이다. 이번 장의 시작 부분에서 언급된 초등학교 3학년 동수는 조부모댁에서 보낼 1주일이 과제 제출 기한을 지키는 데 걸림돌이 될 수 있다고 인식하였다. 그의 해결책은 조부모댁으로 가기 전에 과제를 시작해서 상당 부분을 완료하는 것이었다. 동수는 과제를 하면서 주변 사람들에게 기꺼이 도움을 요청하였다.

문제해결은 문제를 인식하는 데서부터 시작된다. 그리고 새로운 상황에서 문제를 인식하고 해결책을 찾는 능력은 인지 조절 능력, 특히 메타 인지력을 높이는 토대가 된다. 학생들은 문제를 인식하고 해결하는 데 많은 지원과 안내가 필요할지도 모른다. 이들은 학업이나 대인관계를 커다란 도전과 부담으로 여길 수도 있다. 사실 학생들이 직면하게 될 도전이나 문제는 해가 거듭될수록 다양하고 복잡해진다.

우리 학교 교사들은 학생들이 스스로 해결하기에 벅찬 문제나 도전을 받아들이고 해결하도록 돕기 위해 다음과 같은 지침을 따른다.

① 문제나 도전에 관한 학생들의 이야기에 귀 기울이기
② 학생들이 방대하고 복잡한 문제들로부터 핵심 문제를 추출하도록 유도 질문하기
③ 학생들에게 해결해야 할 문제나 도전을 명확히 제시하기
④ 학생들에게 가장 우선적이고 올바른 일이 무엇인지 물어보기

⑤ 학생들이 제안하는 아이디어 기록하기

⑥ 학생들이 어려운 문제와 맞닥뜨렸을 때 해결을 위한 단서 제공하기

⑦ 학생들이 문제를 해결하기 위해 세운 계획을 실천했는지 확인하기

도움 요청

인지적 자기 조절 능력을 지닌 학생들은 스스로 해결할 수 있는 문제와 해결에 도움이 필요한 문제를 구별할 수 있다.

학생들이 생활하면서 다른 사람에게 도움을 요청하는 것은 너무나 자연스러운 일이지만 다음 두 가지는 심각하게 고려되어야 한다. 첫째, 어려움이나 도전적 상황을 만날 때마다 도움을 요청하는 학생들은 자기 주도적 학습자가 되는 데 필요한 회복력과 의지력을 키울 수가 없다. 둘째, 도움이 절실하게 필요할 때조차도 도움을 요청하지 않거나 거부하는 학생들은 자기 자신과 주변 사람들을 곤란하게 할 수 있다.

유감스럽게도 선의의 교사들이 부지불식간에 이 두 가지 경우의 한 요인이 될 수도 있다. 우선 첫 번째 경우는 학습된 무력감과 관련되어 있다. 학습된 무력감은 말 그대로 무력감이 타인과 환경을 통해 학습될 수 있다는 의미를 지니고 있다. 여기서 타인은 학생들에게 생각의 기회 대신에 해답을 제시하는 교사일 수도 있고, 학생들을 과잉보호하는 교사일 수도 있다.

교실에서 이루어질 수 있는 두 가지 대화 장면을 비교해 보자.

〈대화 1〉

학생: '학교가는날' 띄어쓰기를 어떻게 하죠?
교사: 학교 가는 날.

〈대화 2〉

학생: '학교가는날' 띄어쓰기를 어떻게 하죠?
교사: 이 문장을 잠시 생각해 보자. 난 네가 많은 것을 알고 있다고 믿어. 이 문장은 몇 단어로 되었을까?
학생: 세 단어인가요?
교사: 잘했어. 그럼 종이 위에 세 단어를 띄어 써보자. (학생은 학교 가는 날이라고 제대로 쓴다.)
학생: 맞게 썼어요?
교사: 맞았어. 우리말에서 띄어쓰기는 조사나 접사 등을 제외하고는 단어별로 띄어야 하니까 네가 쓴 것처럼 '학교∨가는(가다)∨날' 이렇게 띄는 거야.
학생: 예, 선생님.
교사: 띄어쓰기를 잘 모를 땐 이 방법으로 각 단어를 먼저 생각한 다음 쓰면 돼.

〈대화 1〉에서처럼 학생에게 곧바로 정확한 철자를 말해 주는 것은 학생의 사고 기회를 제한할 우려가 있다. 만약 철자를 물어보는 학생이 저학년이라면 즉시 철자를 말해줘도 무방하다. 하지만 잠재된 자신의 지식을 활용할 수 있는 고학년이라면 〈대화 2〉에서처럼 학생의 인지적 자원을 끌어내는 문제해결 방식이 적합하다. 사실 학생들은 무기력하지 않다. 그러므로 학생들에게 무기력함을 가르치지 않는 것이 중요하다.

한편 도움이 절실하게 필요할 때조차도 도움을 요청하지 않거나 거부하는 학생들이 있을 수 있다. 스키 타는 기술을 익히기도 전에 상급 코스에서 스키를 타겠다고 떼를 쓰거나 아예 스키를 못 타겠다고 포기하는 어린아이를 생각해 보라. 학교에서 제공되는 여러 가지 학습자원을 이용하지 않고 거부하는 학생들은 이런 어린아이에 비유될 수 있다. 사실 학교는 학생들의 학습 능력이나 학습 회복력을 높이기 위해 수많은 노력을 기울이고 있다. 학교의 이런 노력에 부응하지 못하는 학생들, 특히 기본적인 학습 습관이 형성되어 있지 않아서 자신의 숙제조차도 스스로 하지 못한 채 수많은 도움을 외면하는 학생들을 보면 안타깝기 그지없다.

도움을 거부하거나 요청하지 않는 학생들은 학업 회피, 맹목적인 부정, 특정 상황에 대한 격앙된 정서적 반응 등과 같은 성향을 지니고 있을지도 모른다. 이런 학생들이 도움을 기꺼운 마음으로 받아들이도록 하기 위해서는 주변 사람들— 학습 회복의 기회를 주는 교사, 진솔한 대화를 시도하는 교장, 좀 더 바람직한 습관을 형성하도록 독려하는 가족, 위로와 격려를 보내는 친구 등 —의 지속적인 관심과 격려가 필요하다. 물론 쉬운 일은 아니지만 봄이 겨울의 얼음을 녹이듯 애정 어린 관심은 학생들의 마음을 열게 할 것이다.

문제를 독립적으로 해결할 수 있을 때와 문제해결을 위해 도움이 필요할 때를 판단하는 능력은 명백한 교육 목표가 될 수 있다. 사폰-쉐빈

(Sapon-Shevin)은 모든 학생이 도움 요청과 관련된 네 가지 문제에 주의를 기울여야 한다고 주장하였다.

① 도움을 어떻게 요청할 것인가?
② 다른 사람에게 도움을 어떻게 제공할 것인가?
③ 도움을 어떻게 수용할 것인가?
④ 도움을 받을 준비가 되어 있지 않을 때 도움을 어떻게 정중하게 거절할 것인가?

의사결정

다양한 가능성과 방법을 생각할 능력, 최선의 하나를 선택할 능력, 실천할 능력 등을 포함한 문제해결 능력은 의사결정과 직접 관련되어 있다. 특히 인지적 유연성– 다양한 가능성과 방법을 생각할 능력 또는 어려운 상황과 문제에 대해 융통성 있게 대처하고 대안적인 생각을 할 수 있는 능력 –은 문제해결 능력의 토대가 된다.

문제해결 능력을 기르기 위해 학생들은 의사결정에 참여할 기회– 예컨대 전교 회장 선거에서 투표권 행사하기, 학급 토론회에서 자기 의견 발표하기, 게임에서 승자가 되기 위한 전략 세우기, 사회과 조사학습을 위해 조사할 주제 정하기 등 –가 필요하다. 또 학생들은 의사결정 능력을 높이기 위하여 자신의 선택이나 타인의 선택을 재고하고 평가하는 습관을 형성해야 한다.

조직 기술

학생들은 어느 시점이 되면 학습에 필요한 모든 정보를 머릿속에 담아 둘 수 없다는 것을 깨닫게 된다. 이들은 학습 목표를 달성하기 위해 학습 내용을 정리하고 학습 과정을 계획할 필요가 있다. 즉 이들은 학습을 위한 조직 기술을 익혀야 한다.

다행히도 학생들이 학습을 위한 조직 기술을 개발하고 익히는 데 도움이 되는 자원이나 자료는 풍부하다. 여기에는 다양한 정보를 쉽고 빠르게 기록하고 검색하는 것을 지원해 주는 디지털 매체, 체계적인 학습 계획, 복잡한 학습 과제를 차례대로 수행하는 데 필요한 과제 점검표와 일정표 등이 포함된다.

일반적으로 학습을 위한 조직 기술을 지닌 학생과 그렇지 못한 학생 간에는 학업성취라는 측면에서 상당한 차이가 있다. 해티(Hattie)는 학습을 위한 조직 기술을 다음 세 가지로 구분하고 있다.

- 중요한 내용 간추리기, 노트 필기, 개념 정리하기 등과 같은 학습방식
- 자신의 학습을 점검하고 반성하는 메타 인지

• 동기 부여를 위한 목표 설정과 계획 수립

요컨대 학습을 위한 조직 기술은 학생들의 학습에 상당한 영향(효과크기= .63)을 끼친다. 〈도표 4.1〉은 고든(Gordon) 등에 의해 개발된 설문지를 약간 수정한 것이다. 이 설문지는 중·고등학생을 대상으로 '학습을 위한 조직 기술 및 학습 성향'에 관한 실태를 파악하는 데 목적이 있다.

〈도표 4.1〉

학습 과정 점검표

'여러분이 어떤 방식으로 학습하는지'에 대해 5점 척도로 평가합니다. 각 문항의 진술이 여러분에게 '매우 적합하다면 5, 적합하다면 4, 보통이면 3, 적합하지 않다면 2, 매우 적합하지 않다면 1'을 선택하세요.

자기 점검					
시험을 보기 전에 나는 어떻게 공부할 것인지 계획한다.	1	2	3	4	5
학습 목표를 정하는 것은 나에게 쉬운 일이다.	1	2	3	4	5
나는 수업 시간에 무엇을 학습해야 하는지 확실히 알고 있다.	1	2	3	4	5
나는 학습 문제를 읽고 나면 먼저 그 문제가 무엇을 요구하는지(무엇을 구해야 하는지) 확인한다.	1	2	3	4	5
나는 학습 문제를 해결하기 위해 마음속으로 해결 방법이나 절차를 구성해 본다.	1	2	3	4	5

학습할 때 나는 공책에 학습한 내용과 학습할 내용을 기록한다.	1 2 3 4 5
나는 학습 시간표를 만들어 활용한다.	1 2 3 4 5
나는 학습 문제에 대한 답변을 적고 나면 항상 나의 답변이 타당한지 확인한다.	1 2 3 4 5
나는 시험 문제를 다 풀고 나면 항상 나의 답안에 오류가 있는지 확인한다.	1 2 3 4 5
심화 학습을 위한 방안	
나는 새로운 학습개념을 얼마나 잘 이해하고 있는지 확인하기 위해 연습문제를 풀어본다.	1 2 3 4 5
나는 학습 문제를 해결할 때 다양한 해결 방법을 찾는다.	1 2 3 4 5
학습할 때 나는 다양한 지식이나 정보를 새로운 방식으로 구성하려고 한다.	1 2 3 4 5
나는 학습 문제를 해결하거나 새로운 정보를 정리하기 위해 도표를 그려서 활용한다.	1 2 3 4 5
나는 학습 문제를 좀 더 잘 이해하기 위해 문제와 관련된 몇 가지 사례를 활용한다.	1 2 3 4 5
나는 학습 문제를 해결하기 위해 이전에 학습한 내용을 활용한다.	1 2 3 4 5
나는 학습 문제를 해결하기 전에 문제를 세분화한다.	1 2 3 4 5
간편한 학습 요령	
나는 특정한 학습 문제를 해결하는 데 도움이 되는 문제해결 단계를 암기하려고 한다.	1 2 3 4 5

나는 시험공부를 할 때 공책에 필기한 내용을 살펴보고 예시 문제를 풀어본다.	1　2　3　4　5
나는 이미 해결한 학습 문제를 활용해서 문제해결 단계를 암기한다.	1　2　3　4　5
인내심	
이해하기 어려운 학습 내용일지라도 나는 그 내용을 이해할 때까지 반복 학습한다.	1　2　3　4　5
나는 숙제를 하다가 어려운 문제를 만나면 다음 문제를 먼저 해결하고 나서 그 문제를 다시 살펴본다.	1　2　3　4　5
학습 환경	
나는 공부하기에 적당한 장소를 마련한다.	1　2　3　4　5
나는 주의를 산만하게 하는 것을 없애거나 피한다.	1　2　3　4　5
나는 집중이 되는 곳에서 공부한다.	1　2　3　4　5

Source: Adapted with permission from "Do Teachers' Own Learning Behaviors Influence Their Classroom Goal Orientation and Control Ideology?" by S. C. Gordon, M. H. Dembo, and D. Hocevar, 2007. This article was published in Teaching & Teacher Education, 23. Copyright Elsevier, 2007.

마무리

학생들에게 인지 조절 기술을 가르치는 것은 사회·정서적 학습을 위한 중요한 측면이다. 교사라면 당연히 학생들에게 적절한 배움의 기회와 좀 더 효과적인 학습 환경을 제공할 필요가 있다. 특히 중요한 것은 학생들이 자신의 인지적 역량— 메타 인지, 주의력, 목표 설정, 문제 인식 및 문제해결, 의사결정, 학습을 위한 조직 기술 등 —을 개발하도록 돕는 것이다.

교사를 위한 반성적 물음

1. 당신은 학생들에게 메타 인지적 사고의 본보기를 보여주는가? 당신은 학생들에게 메타 인지적 사고 기술을 개발할 기회를 제공하는가?
2. 당신은 학생들의 주의력을 높이기 위해 어떤 방법을 사용하는가? 당신은 학생들의 주의력이 떨어질 때 이들에게 주의력 회복에 관한 피드백을 제공하는가?
3. 당신은 학생들과 함께 목표를 설정하는가? 그렇다면 그 목표는 성과 목표인가, 아니면 숙달 목표인가? 학생들은 자신이 설정한 목표를 상황에 따라 수정할 기회를 지니는가?
4. 당신은 학생들에게 문제를 인식하고 해결할 기회를 충분히 제공하는가?
5. 당신은 학생들에게 의사결정을 하는 방법을 가르치는가? 당신은 학생들에게 의사결정 기회를 충분히 제공하는가?
6. 당신은 학생들에게 학습을 위한 조직 기술을 어떤 식으로 가르치는가?

제5장

사회적 기술

중학교 3학년인 경희는 역사 수업에 지각하였다. 그녀는 역사 교사에게 지각 사유서를 제출하면서 아무 말도 하지 않았다. 평소에 말이 많고 상냥하던 경희가 아무 말을 하지 않자 역사 교사는 경희에게 어떤 심경의 변화가 일어났음을 느꼈다.

친사회적 기술 | 공유 | 협동
관계 형성 | 의사소통
공감 | 관계 회복

잠시 후에 경희는 공동 과제 해결을 위한 모둠별 학습에 참여하였다. 하지만 경희는 자신의 역할을 잊은 듯 멍하니 앉아 있었다.

역사 교사는 경희 곁으로 걸어가서 잠깐 이야기를 나누자고 하였다. 고개를 들었을 때 경희의 눈에는 눈물이 가득 고여 있었다. 역사 교사는 경희에게 자신의 책상 옆에 있는 '공감 의자'에 앉아 있으라고 조용히 말하였다. 공감 의자는 다른 의자보다 더 크고 안락하며, 마음이 불편한 학생들이 안정을 찾고 자신의 마음의 소리에 귀를 기울이도록 마련된 것이다. 역사 교사는 공감 의자에 앉은 학생에게 이것저것 캐묻는 대신에 공감의 귀를 활짝 열어 놓는다.

경희는 마음을 진정시키고 나서 역사 교사와 이야기를 나누었다.

경희: 며칠 전에 한 친구가 학급 홈페이지에 다른 학생들을 비방하는 글을 올렸어요. 나는 그녀에게 "그 일은 옳지 않아. 물론 나와는 상관없는 글이지만 누군가가 나에게 그런 짓을 했다면 난 무척 분노했을 거야. 네가 비방한 학생들이 그 글을 읽고 나서 어떻게 생각할지 정말 걱정이 돼"라고 말했어요.

역사 교사: 아마도 옳지 않은 말과 행동을 하는 친구를 보게 되면 안타까운 마음이 생길 거야. 친구의 잘못된 행동이 교우관계를 깨뜨릴 수도 있어. 네가 그녀에게 그 일이 옳지 않다고 말했을 때 그녀는 무슨 말을 했니?

경희: 그녀는 나에게 화를 내면서 배신자라고 말했어요.

역사 교사: 난감했겠구나. 네가 옳은 일을 하고도 결과가 좋지 않으면 좌절감을 느낄 수 있어. 사실 옳은 일을 계속하는 것은 쉬운 일이 아니야. 음, 다른 걸 물어봐도 될까? 그 일 때문에 교장 선생님께 도움을 요청했니? 비방을 받은 학생들은 좀 어떠니?

경희: 예, 괜찮아요. 다행히도 그 학생들은 그녀가 철없는 짓을 했을 뿐이라고 생각했어요. 그리고 그녀는 자신이 올린 글을 삭제했어요. 하여튼 친구의 잘못을 일깨워 주고 교우

관계를 유지한다는 게 참 어려운 일 같아요. 방과 후에 좀 더 이야기를 나눌 수 있을까요?

역사 교사: 물론이지. 나는 학생들이 대화를 요청하면 기꺼이 수락하는 편이야. 대화를 통해 상대방의 기분과 생각을 알 수도 있고 상대방에게 공감을 표시할 수도 있어서 나는 학생들과 대화하길 좋아해. 이뿐만 아니라 대화는 상대방의 관점을 이해하고 서로의 관계를 유지하는 데 많은 도움이 돼.

◆ ◆ ◆

경희와 그 친구 간의 갈등은 청소년들의 삶에서 비일비재한 갈등 형태이다. 소셜 미디어는 청소년들의 삶을 한층 복잡하게 만들었으며, 이로 인해 이들의 정서는 더욱더 예민해졌고 동시에 상처받기 쉬운 상태가 되어 버렸다. 당연히 청소년기에 접어든 학생들에게 필요한 것은 교사의 애정 어린 관심과 지원이다. 요컨대 경희와 역사 교사 간의 관계는 하나의 본보기가 될 수 있다.

- 역사 교사는 경희의 정서 상태가 평소와 다르다는 것을 알아차렸다. 이처럼 교사는 학생들의 정서 상태를 세심하게 관찰할 필요가 있다.
- 역사 교사와 경희는 격식에 구애받지 않고 열린 대화를 할 수 있을

정도로 좋은 관계를 맺고 있었다.

- 역사 교사는 수업 시간에 틈틈이 학생들에게 공감과 관계 회복이라는 사회적 기술을 가르쳤다. 학생들이 사회적 기술의 필요성을 인식하게 되면 그들 스스로 그 기술을 익히는 데 적극성을 보인다.
- 긍정적인 사회적 기술은 교실뿐만 아니라 삶에서도 큰 영향력을 발휘하며, 부정적인 사회적 기술 역시 마찬가지이다. 부정적인 교우관계는 서로에게 해를 끼치고 학습을 방해한다. 이것이 교실에서 학생들에게 긍정적인 사회적 기술을 가르쳐야 하는 이유이다.

사회적 기술이란?

인간은 집단 목표를 달성하기 위해 서로 협력하는 사회적 존재이다. 사실 인류의 발전은 서로 간의 협력에 기인한다고 해도 과언이 아니다. 또한 인간은 다양한 문화를 경험하면서 사회적 기술을 발달시켜 왔다.

사회적 기술은 다른 사람과의 관계를 형성하고 발전시키는 데 필요한 모든 역량을 의미하며, 여기에는 친사회적 기술(도와주기+공유하기+협동하기), 관계 형성, 의사소통, 공감, 관계 회복 등이 포함된다. 이러한 사회적 기술은 뒤따라오는 누군가를 위해 문 잡아주기, 노약자에게 좌석 양보하기, 버스 정류장에서 줄 서기 등과 같은 소소한 배려와도 일맥상통한다.

친사회적 기술

친사회적 행동은 타인의 기대감을 반영하고 있으며 사회적 규범이 반영된 규범적 행동이라고도 일컬어진다. 교실에서 학생들은 학급 규칙에 대한 교사의 애착심이 강할 때 친사회적 행동을 많이 하는 경향이 있다. 대다수 학교는 다음의 친사회적인 성격을 띤 세 가지 규범을 중요시하고 있다.

① 여러분 자신을 잘 돌보세요.
② 서로를 아끼고 배려해 주세요.
③ 서로 함께 지낼 수 있는 지금의 공간을 잘 돌보세요.

친사회적 행동에는 도와주기, 공유하기, 협동하기 등이 포함되며, 이번 장에서는 공유하기와 협동하기에 대해 살펴볼 것이다(도와주기에 대해선 제4장을 참고하라).

1) 공유하기

교실에서 누군가와 함께 뭔가— 학습을 위한 자료이든 정보이든 간에 —를 공유하는 것은 일부 학생들에게 어려운 일일 수도 있다. 하지만 교사는 학생들에게 '공유라는 행위는 긍정적인 교우관계를 형성하는 데 필수적인 규범으로서 실천 가치가 높다'는 점을 주지시킬 필요가 있다. 만약에 학생들이 “우정을 위해서라도 내가 지닌 좋은 정보를 급우들과 공유할 거야. 좋은 정보를 받은 급우들의 기뻐하는 모습을 상상하니 가슴이 두근거려”라고 말할 수 있다면 이 얼마나 멋진 일이겠는가?

2) 협동하기

다른 사람들과 생산적으로 협동하는 능력은 친사회적 기술로 널리 알려져 있다. 그리고 이러한 친사회적 기술은 ‘21세기 기술’(Partnership for 21st Century Learning, 2015) 또는 ‘유연한 직업 기술’(SCANS, 1992)로 통용되며 사회·정서적 기술의 한 요소이다.

학교에서 협동의 중요성은 상호 참여가 필요한 집단활동— 스포츠 경기, 합주, 합창, 연극 발표, 모둠별 협동 학습 등 —을 통해 드러나게 된다. 여기서 협동 학습은 학생들 간의 활발한 상호작용을 통해 의미 있는 학습을 꾀하려는 일련의 실천으로 정의될 수 있다.

교실에서 단순히 학생용 책상을 둘씩 혹은 넷씩 붙여 놓는다고 해서 협동 학습이 저절로 이루어지는 것은 아니다. 임○○이라는 중학교 3학년 교사를 예로 들어 보겠다. 그는 학생들에게 모둠별 공동 과제를 자주 내주곤 하였지만, 다음과 같이 아쉬움을 토로하였다.

“학생들은 공동 과제를 피자 자르듯 4등분 또는 6등분으로 나눌 뿐이야. 자신이 맡은 과제 조각에만 관심을 기울이고 자기 또래가 맡은 과제 조각에는 별다른 관심을 보이지 않아. 그러니까 또래가 수행한 과제에 대해 궁금해하지도 않고 질문도 하지 않는단 말이야. 각자 맡은 과제 조각을 다 하고 나서 그 조각을 짜깁기하는 식이야. 결국 나는 서로를 필요로 하는 상황을 만들지 않은 채 학생들에게 과제 조각만을 나누어 준 꼴이 되었어."

고심 끝에 그는 두 가지 중요한 변화를 시도하였다. 첫 번째 변화는 또래 평가를 활용하는 것이었다. 즉 모둠을 구성하는 학생들 각자 자신의 과제물을 공유하고 피드백을 주고받으면서 상호작용의 이로움과 즐거움을 누리는 것이었다. 두 번째 변화는 모둠별 공동 과제물을 학급 전체 학생들 앞에서 발표하는 것이었다. 이는 실제로 모둠원끼리 협동해야만 하는 동기를 부여하였다. 그리고 학생들은 공동 과제를 수행하고 발표를 준비하는 과정에서 서로 간의 의사소통이 중요함을 깨닫게 되었다.

학생들은 '청소년의 협동 기술 평가지'를 통해 자신의 협동 기술이 얼마나 발달했는지를 가늠해 볼 수 있다. 이 평가지는 9~15세의 학생들에게 적합하며 8개의 문항으로 구성되어 있다. 학생들은 각 문항의 진술에 대해 5점 척도(각 문항의 진술이 자신에게 '매우 적합하다면 5, 적합하다면 4, 보통이면 3, 적합하지 않다면 2, 매우 적합하지 않다면 1'을 선택하는 방식)로 평가하면 된다.

① 나는 모둠원과 협동해서 학습한다.
② 나는 모둠원의 기분을 해치지 않고서도 이들에게 피드백을 제공할 수 있다.

③ 나는 모둠원에게 피드백을 요청한다.

④ 나는 모둠원이 소외감을 느끼지 않도록 이들을 배려한다.

⑤ 나는 모둠원의 공헌과 노력을 소중하게 여긴다.

⑥ 나는 모둠원을 동등하게 대우한다.

⑦ 나는 모둠원과 원활하게 의사소통한다.

⑧ 나는 모둠에서 모둠장이 될 수 있다고 확신한다.

요컨대 위 평가지는 학생들이 자신의 협동 기술을 반성하고 개선하는 데 도움이 된다.

관계 형성

교사와 학생 간이든, 또래 간이든 관계는 학생들의 학교생활이나 학업에 큰 영향을 끼친다. 해티(Hattie)에 따르면 교사와 학생 간의 관계는 학생들의 학업성취에 유의미한 영향(효과 크기= .52)을 끼친다. 그리고 학생들과 좋은 관계를 형성하려는 교사의 노력은 또래 간의 관계 형성에 본보기가 될 수 있다.

1) 교사와 학생 간의 관계

모든 대인관계는 나이와는 상관없이 존중과 배려에 기초를 두고 있다. 교사가 먼저 학생들을 존중하고 배려하지 않는다면 이들에게 또래와 건전한 관계를 맺으라고 요구할 수는 없다. 즉 교사는 학생들에게 '교내에서 대인관계를 어떻게 형성해야 하는지'에 관한 본보기와 안내를 제공해야 한다. 그리고 학생들과 긍정적이고 생산적인 관계를 형성하기 위해 교사로서 다음과 같은 사항을 실천할 필요가 있다.

- 학생들의 이름을 알고 이들의 이름을 정확히 발음하기
- 어떤 말과 몸짓이 학생들에게 호감을 줄 수 있는지에 대해 숙고해보기
- 학생들의 관심사를 알고 이들의 관심사가 실현되도록 도와주기
- 전화, 이메일, 면담 등을 통해 학생들의 가족과 긍정적인 관계 맺기
- 학생들의 관심과 흥미를 고려한 수업 전개하기

학생들은 지식이 풍부한 교사보다 배려심이 풍부한 교사에게 매력을 느끼는 경향이 있다. 배려심은 대인관계의 중요한 부분이다. 만약 교사가 일상적인 습관처럼 학생들을 배려— 학생 이름 올바르게 부르기, 이들의 소소한 삶과 이야기에 관심 기울이기, 또래 관계 존중하기 등 —한다면 교사와 학생 간의 관계는 훨씬 더 부드러워질 것이다.

효과적인 교사-학생 관계의 속성에는 신뢰, 지원, 배려, 기대감 등이 포함된다. 특히 학생들에 대한 교사의 높은 기대감은 이들이 좀 더 도전

적이고 진취적인 일을 할 수 있도록 돕는 촉진제 역할을 한다.

〈도표 5.1〉에는 학생들과 더 나은 관계를 형성하기 위한 33가지 방법이 제시되어 있다. 만약 교사로서 당신이 학생들과 좀 더 원만하게 지내고 싶다면 이 방법들을 실천해 보라.

〈도표 5.1〉

학생들과 더 나은 관계를 형성하기 위한 33가지 방법

1. 학생들에게 필요한 교사 되기
2. 학생들과 친해지기
3. 학생들과 바람직한 관계를 형성하려는 마음가짐 갖기
4. 학생들의 소소한 일과 이야기에 관심 기울이기
5. 학생들의 10가지 단점보다 1가지 장점에 집중하기
6. 사생활을 침해하지 않는 범위 내에서 학생들과 사적인 이야기 나누기
7. 학생들을 기꺼이 사랑하기
8. 학습하기보다는 사랑받기 위해 학교에 오는 학생들도 있다는 사실을 염두에 두기
9. 학생들에게 모범적인 모습 보이기
10. 학생들의 신체 상태와 정서 상태에 주의 기울이기
11. 학생들에게 긍정적인 언어 사용하기
12. 학생들의 가정환경 살피기
13. 학생들이 생활하면서 겪는 여러 가지 문제에 관여하기
14. 잘못을 추궁하되 해당 학생 미워하지 않기
15. 학생들과의 관계는 진취적이고 우호적이어야 함을 염두에 두기
16. 징계나 벌은 반성보다는 오히려 분노를 초래한다는 사실을 염두에 두기

17. 진실한 마음으로 학생들에게 다가가기
18. 실수했을 때 학생들에게 사과하고 달라진 행동 보이기
19. 학생들을 세심하게 배려하기
20. 학생들에게 소속감 부여하기
21. 학생들의 잘못을 찾는 대신에 바람직한 행동을 찾아 칭찬하기
22. 학생들의 약점보다는 장점과 재능 드러내기
23. 말 한마디가 학생들에게 큰 영향을 끼친다는 사실 명심하기
24. 학생들에게 따뜻한 눈길 보내기
25. 학생들의 시간과 노력 존중하기
26. 모범 행동을 보임으로써 학생들에게 모범 행동 가르치기
27. 학생들에게 의미 있는 어른 되기
28. 경청하는 것은 학생들을 이해하기 위함이지, 시간 낭비가 아님을 명심하기
29. 침묵은 대화의 공백이 아니라 대화의 한 부분이라는 점 인식하기
30. 학생들의 문화를 인정하고 존중하기
31. 사랑의 눈으로 학생들 바라보기
32. 학생들에게 미소 짓기
33. 학생들의 다양성 인정하기

Source: Adapted with permission from "33 Ways to Build Better Relationships," by M. Finnis. Copyright 2018 by Independent Thinking.

2) 또래 관계

교사와 건전하고 생산적인 관계를 유지해 나가는 학생들은 또래와도 좋은 관계를 유지하기 마련이다. 학생들에게 또래끼리 서로 존중하고 잘 지내는 방법을 가르친다는 것은 이들에게 좀 더 생산적인 문제해결 방안

을 제시하는 것이나 다름없다. 대체로 건전하고 호의적인 대인관계를 유지하고 있는 학생들은 자신에게 닥친 문제 상황을 경솔하게 해석하고 불쾌한 감정을 드러내기보다는 문제 상황에 대해 숙고하고 주변 어른들에게 도움을 요청하는 경향이 강하다.

집단에 대한 소속감은 사회적 동물로서 인간이 행복이나 만족을 누리는 데 필요한 주요 요인이다. 사실 청소년기는 상당히 어려운 시기이며, 이 시기에 해당하는 몇몇 학생들은 소외감으로 인해 삶에 대한 두려움을 느끼기도 한다. 그리고 이 시기를 맞은 학생들에게 하나의 도전은 바람직한 또래 관계를 형성하는 것이며, 또래 관계의 결핍은 자기 정체성과 학습발달에 부정적인 영향을 끼친다.

그렇다면 또래 관계의 중요한 척도는 무엇인가? 이것은 한 학생이 다른 학생과의 관련성이나 유대감을 얼마나 느끼느냐이다. 이를테면 또래 관계를 이루고 있는 또래끼리 서로를 아끼고 배려하며 존중할 때 또래 간의 관련성이나 유대감은 높아지며, 그 역도 마찬가지이다(유대감이 높아질수록 서로를 배려하고 존중하는 마음도 커진다).

65개 학교의 중고생 1,100명을 대상으로 수행된 한 연구는 "또래끼리 호혜적이고 학습을 위한 상호작용이 활발한 교실일수록 또래 간의 유대감이 더 강하다"는 결과를 내놓았다. 교사는 학생들의 또래 관계를 직접적으로 형성하고 유지할 수는 없지만 이러한 관계가 강화되도록 여러 가지 조건이나 환경을 마련할 수는 있다.

정○○이라는 고등학교 1학년 교사를 예로 들어 보겠다. 그는 학생들이 원만한 또래 관계를 형성할 수 있도록 다양한 방법을 마련한다. 그 방법은 다음과 같다.

- **자기소개서 작성:** 자신의 이력과 특징을 간결하게 기술하고 이를 급우들과 공유한다.
- 또래끼리 서로 존중하고 서로의 이름을 올바르게 사용하기
- 모둠별 공동 과제를 해결하기 위해 협동 학습 활용하기
- 의사소통을 위한 경청 기술 익히기
- 함께 놀이하기

김○○이라는 초등학교 5학년 교사는 학생들의 정체성과 효능감을 발달시키기 위해 원만한 또래 관계 형성에 초점을 두고 다음의 방법을 사용한다.

- **감사 이야기 나누기:** 1주일에 한 번 열리는 '감사 발표 시간'에 학생들은 또래로부터 받은 고마운 일을 서로 이야기하면서 고마움을 표현한다.
  "어려운 수학 문제를 푸는 데 도움을 줘서 고마워."
  "나랑 놀아줘서 고마워. 그렇지 않았다면 난 외톨이가 되었을 거야."
- **칭찬하기:** 자신감과 자부심을 지니도록 서로를 칭찬한다.
  "어쩜 그렇게 노래를 잘 부르니? 나중에 우리 반 전체를 위해 노래

를 불러줘."

"정말 용감하구나. 난 네가 아무것도 두려워하지 않는다고 생각해."

2) 학생과 학교 간의 관계

학교와 좋은 관계를 맺고 있는 학생들 또는 자기가 학교의 소중한 구성원이라고 믿고 있는 학생들은 어려운 일이 생기더라도 그 일을 극복하려는 의지를 보인다.

교사라면 학생들이 바람직한 습관— 행동하기 전에 신중하게 생각하는 습관, 자신의 행동을 반성하는 습관, 다양한 경험을 통해 많은 것을 배우는 습관 등 —을 지니길 바란다. 그리고 교사와 학생 간의 관계는 이러한 습관을 형성하는 데 큰 영향을 끼친다. 교사를 존경하면서 교사와 원만한 관계를 맺고 있는 학생들은 대체로 문제 행동을 일으키지 않으며 자신에게 도움이 되는 습관을 기르려고 노력한다. 이뿐만 아니라 그런 학생들은 부정적인 방식으로 교사에게 영향력을 행사하지 않으며 학교 전체에 이익이 되는 행동을 하려고 한다.

학교와 학생 간의 원만한 관계는 학교 전체의 바람직한 성취 문화를 조성할 수 있다. 피셔(Fisher) 등은 학교와 학생 간의 좋은 관계를 형성하는 데 중요한 다섯 가지 요소를 제시하였다.

① **학생 환영하기:** 학생들과 이들의 가족에게 학교에 대한 소속감을 느끼게 함.

② **학생 보호하기:** 학생들에게 안정감을 느끼게 함.

③ **학생에게 긍정적으로 말하기:** 학생들의 정체성과 효능감을 발달시킴.

④ 학생의 학습발달에 지속적인 관심을 기울이고 시의적절하게 관여하기

⑤ 최고의 학교를 만들려는 교직원 전체의 의지와 노력 보이기

의사소통

학생들의 사회적 관계— 또래 관계, 교사와의 관계, 학교와의 관계 등 —는 주로 효과적인 의사소통을 통해 형성되고 발전되며, 이러한 의사소통은 학습을 위한 중요한 수단이기도 하다. 유감스럽게도 학생들은 타인과의 의사소통, 특히 정서적으로 격앙된 상황에서 자기 생각과 감정을 표현하거나 타인의 생각과 감정을 수용하는 데 어려움을 겪는 경우가 많다. 그 이유는 교실의 제한적인 의사소통 환경— 교사 주도적 수업에 따른 학생의 발언 기회 축소, 특정한 주제로 제한된 발언 내용, 학생의 언어표현 능력 부족, 의사소통의 중요성에 대한 인식 부족, 학생들은 기본적으로 의사소통 기술을 지니고 있다고 생각하는 교사의 안일한 태도 등 —에 기인할지도 모른다.

만약 학생들이 '타인과 의사소통하는 데 가장 필요한 기술이 무엇인지'에 관해 묻는다면 교사로서 어떻게 답변해야 할까? 말할 것도 없이 경청이야말로 원만한 대인관계와 효과적인 의사소통을 위해 가장 중요한 기술이다. 일반적으로 경청 기술은 다음과 같다.

- **주의 기울이기**
  - 발언자에게 집중하고, 발언자의 말을 중간에 끊지 않고 끝까지 듣는다.
  - 발언자와 눈을 마주치지 않더라도 발언자의 눈을 쳐다본다.
  - 발언자의 발언 주제에서 벗어난 생각이나 상상을 하지 않는다.
  - 발언자의 발언 내용을 시각화한다.
- **주제와 관련된 질문하기**
  - 발언자의 발언 주제와 동떨어진 질문을 하지 않는다.
  - 발언자의 아이디어를 명료하게 하는 질문을 한다.
  - 발언자의 다양한 경험 사례를 끌어내는 질문을 한다.
- **설명 요청하기**
  - 발언자의 발언 내용을 이해하지 못할 때 추가적인 설명이나 정보를 요청한다.
  - 발언자의 의도를 다 안다고 자만하지 않는다.
- **다른 말로 바꾸어 표현하기**
  - 발언자의 발언 요점을 다른 말로 바꾸어 표현한다.
  - 자신의 이해도를 확인하기 위해 발언자에게 그 표현의 적절성 여부를 물어본다.
- **감정 파악하기**
  - 발언자의 발언에 담긴 감정을 파악한다.
- **요약하기**
  - 나중에 참고할 수 있도록 발언자의 발언 내용을 요약해서 기록한다.

교사는 학생들의 경청 기술 또는 의사소통 기술을 발달시키기 위해 대화 모임을 활성화할 수도 있다. 학생들은 대화 모임을 통해 타인의 생각을 알 수도 있고 서로의 생각과 감정을 주고받으면서 정서적 회복을 꾀할 수도 있다. 그리고 효과적인 대화 모임을 위해서는 다음과 같은 최소 요건이 필요하다.

- 각 학생은 자기 생각이나 느낌을 다른 학생과 공유할 기회를 부여받아야 한다.
- 각 학생은 대화의 객체가 아니라 주체로 인정받아야 한다.
- 대화 주제는 학습에 국한될 필요가 없으며, 생활 전반에 걸친 주제라도 상관없다.
- 개방형 질문 형태로 대화 주제를 제시한다.
  – 어떤 초능력을 갖고 싶은가? 그 이유는 무엇인가?
  – 어떤 동물이 되고 싶은가? 그 이유는 무엇인가?
  – 어떻게 하면 방학을 잘 보낼 수 있을까?

학생들이 의사소통의 중요성을 이해하고 대화 모임에 적극적으로 참여한다면, 대화 모임은 좀 더 복잡하고 심각한 문제— 교실의 학습환경, 학교폭력, 시험에 대한 불안, 또래 간의 갈등, 대인관계 회피 등 —를 다루는 데 이용될 수 있다. 그리고 대화 모임의 목적은 교사의 지도력을 드러내는 데 있는 것이 아니라 의사소통을 통해 학생들 모두의 성장과 성찰을 꾀하는 데 있다.

참고로 모둠의 구성원끼리 대화를 진행하는 방식에는 두 가지가 있다.

1) 순차적인 대화 진행

순차적인 대화 진행은 모둠의 각 구성원이 빠짐없이 대화에 참여하는 것을 가능하게 한다. 즉 특정한 주제에 대해 학생 A가 발언을 하고 나면 정해진 순서에 따라 학생 B가 발언을 하며, 학생 C, 학생 D 등으로 발언이 이어진다. 가장 고무적인 것은 발언이 이어짐에 따라 발언 내용이 점점 더 풍부해진다는 것이다. 그리고 대화 모임은 원활한 의사소통에 초점을 두기 때문에 학생들이 책상을 붙여서 앉든, 둥글게 서 있든 아무런 상관이 없다.

2) 비순차적인 대화 진행

비순차적인 대화 진행은 모둠의 각 구성원이 정해진 순서대로 발언하지 않는다는 점을 빼면 순차적인 대화 진행과 거의 똑같다. 순차적인 대화 진행과 마찬가지로 비순차적인 대화 진행의 핵심은 어떤 누구라도 대화의 흐름을 방해해선 안 된다는 것이다. 이를테면 발언자가 발언할 때 나머지 구성원은 진지한 태도로 경청해야 한다.

공감

공감 능력— 타인의 정서를 이해하는 능력 —은 대인관계를 발달시키는 중요한 요인이다. 학생들의 공감 능력은 교사의 가르침을 통해 발전될 수도 있고 이들 스스로 공감을 실천함으로써 발전될 수도 있다. 가령 자기 자신의 말과 행동 인식하기, 문학 작품 속에 나오는 등장인물에 대해 공감하기, 타인에게 공감적 반응 보이기 등은 공감 능력을 기르는 하나의 실천 방법이 될 수 있다.

이와 관련하여 학생들의 공감 능력을 발전시킬 수 있는 교사의 행동 사례를 제시하면 다음과 같다.

- 학생들이 정서를 식별하도록 도와주기: 학생들은 다양한 상황에 대한 자신의 정서적 반응을 이해할 필요가 있다. 자신의 정서적 반응을 이해하는 학생들은 타인의 정서를 좀 더 정확하게 식별할 수 있다. 교사는 정서 식별과 관련된 발언을 통해 학생들이 타인의 정서를 식별하는 데 도움을 줄 수 있다.

  "나는 너희들이 홀로 앉아 있는 찬수에게 다가가서 이야기를 건넸다는 것을 잘 알고 있어. 그는 외로움을 느끼고 있었을지도 몰라. 아니면 어떤 생각에 사로잡혀 있었을지도 몰라."
- 학생들이 정서를 말로 표현하도록 도와주기: 자신의 정서이든 타인의 정서이든 정서를 말로 표현하는 것은 사회·정서적 학습(SEL)의 중요한 부분이다. 학생들은 공감 능력을 키우기 위해 자기 자신의 정서, 또래의 정서, 교사의 정서, 작품 속 등장인물의 정서 등을 말로 표현하는 방법을 배우고 이를 익힐 필요가 있다. 교사는 학생들이 특정 인물의 정서를 말로 표현하도록 다음과 같이 유도 질문을

할 수 있다.

“이 장면에서 주인공이 하는 말에 주의를 기울여 보렴. 주인공이 지금 어떻게 느끼는지를 말해 줄래? 그리고 주인공에게 무슨 말을 해주면 좋겠니?”

- 공감적인 말과 행동을 하는 학생들에게 칭찬 보내기: 학생들이 공감적인 말과 행동을 할 때 교사는 이들에게 고마움과 칭찬을 표시할 수 있어야 한다. 그리고 공감은 상대방의 긍정적인 정서에 관한 것일 수도 있고 부정적인 정서에 관한 것일 수도 있다. 교사의 다음과 같은 말은 학생들에게 큰 힘과 자부심을 줄 것이다.

“나는 너희들끼리 서로 공감하고 배려하는 모습을 자주 보았단다. 너희들의 그런 모습에 정말 흐뭇했어. 너희들이 우리 반 학생이라서 얼마나 다행스럽고 자랑스러운지 몰라. 진심으로 고마움을 전하고 싶어.”

- 학생들에게 정서 상태를 나타내는 비언어적 신호 가르치기: 학생들은 타인의 정서 상태를 암시해 주는 비언어적 신호—자세, 얼굴빛, 시선, 몸짓, 목소리 높낮이 등—에 대해 좀 더 자세히 배우고 숙지할 필요가 있다. 교사는 학생들이 사진이나 영상 속에 등장하는 인물의 비언어적 신호를 관찰하고 그 신호에 담긴 정서 상태를 유추해 보도록 학습을 이끌 수 있다. 교사의 다음과 같은 말은 학생들에게 하나의 정서적 자극이 될지도 모른다.

“이 사진 속의 인물이 짓고 있는 표정은 너무 인상적이야. 어쩌면 이렇게 행복한 표정을 지을 수 있을까? 무엇 때문에 행복한 표정을 짓고 있는지 상상해 보렴. 너희들도 이 세상에서 가장 행복한 표정을 지어 보렴."

- 분노를 학생들에 대한 통제 기제로 사용하지 않기: 교사가 학생들을 통제하기 위해 화를 낼 때 이들은 교사에게 복종하는 시늉을 할지언정 진심 어린 순종적 태도를 보이진 않는다. 교사가 학생들에게 "너희들 때문에 무척 화가 났어"라고 말하거나 몸짓으로 분노를 표시할 때 이들은 마음의 문을 닫고 교사에게서 멀어지게 된다. 물론 교사가 학생들에게 실망감을 표시하고 이들에 대한 기대치를 낮출 수도 있겠지만 교사와 학생 간의 상호작용에 분노가 개입되면 학생들의 학습과 생활은 나빠질 수 있다. 교사가 문제를 일으킨 몇몇 학생들에게 "수업 중에 너희들이 내 허락도 없이 교실을 나가서 무척 화가 났단 말이야. 너희들 때문에 내 수업 시간은 엉망이 되었어. 내 말 이해하겠어?"라고 말하기보다는 오히려 다음과 같이 말한다면 이들의 마음을 좀 더 쉽게 움직일 수 있을 것이다.

  "너희들이 나에게 말하지 않고 교실을 나갔을 때 나는 너희들의 안전을 걱정했단다. 무슨 일이 있었는지 말해 줄 수 있겠니? 그리고 다음에는 교실을 나갈 때 나에게 허락을 구하겠다고 약속할 수 있겠지? 올바른 선택이 무엇인지 생각해 보렴."

- 학생들에게 공감 능력이 필요한 역할 맡기기: 생물을 돌보는 것은 학생들이 공감 능력을 기르는 데 중요한 역할을 한다. 즉 교실 화분에 물 주기, 정원 청소하기, 반려동물 돌보기, 식물 이름 알기 등은 학생들의 공감 능력을 키우는 방법이 될 수 있다. 교사의 다음과 같

은 말은 학생들의 정서적 공감을 자극할 것이다.

"비가 오니까 화단의 식물들이 추워 보이는 것 같아. 따뜻한 눈길을 보내 보렴."

- 학생들에게 '나' 진술 또는 '나' 전달법 가르치기: '나' 진술은 말하는 사람이 상대방에 대해 지닌 자신의 정서나 생각을 긍정적으로 전달하는 의사 표현 방법이며, 상대방의 방어적인 태도를 공감적인 태도로 바꾸는 데 유용하다. 이것은 보통 '나'로 시작하는 문장으로 표현된다. 예컨대 교사가 "너희들의 그런 행동은 수업을 방해할 뿐만 아니라 나를 화나게 한단 말이야"라고 말하는 대신에 "너희들이 그런 행동을 하면 자칫 다른 학생들의 학습에 방해될까 걱정이 돼. 내 마음은 더 불편해져"라고 말한다면, 수업을 방해한 학생들은 교사의 기대 행동을 더 잘 이해할 뿐만 아니라 교사의 심정에 공감을 표시할 것이다. 요컨대 '나' 진술은 상대방에 대한 비난이나 부정적인 판단 대신에 상대방의 공감을 끌어낼 수 있다는 점에서 상당히 고무적이다.

관계 회복

또래 관계 또는 교사-학생 관계가 때때로 소원해지는 건 어쩔 수 없는 일이지만 학생들은 소원해진 관계를 어떻게 회복할지를 숙고해 보아야 한다. 소원해진 관계를 회복하려는 학생들의 노력은 좀 더 바람직한 학습 환경을 조성하는 데 필수적이며 자기 삶의 행복과 직결되는 건강한 생활 습관이기도 하다. 물론 학생들은 관계 회복 이전에 좋은 관계를 맺으면서 만족스럽게 생활한 경험이 있어야 한다. 가령 학생들이 교사와 긍정적이고 건전한 관계를 유지해 온 경험이 있을 때, 그들은 소원해진 교사와의 관계를 회복하려는 의지를 보일 것이다.

일상적인 학교생활 속에서 학생들과 좋은 관계를 유지하거나 회복하려는 교사에게 필요한 것은 이들과의 진솔한 대화이다. 사실 학생들의 문제 행동이 초래하는 위험 요소에는 규칙 위반뿐만 아니라 교사와의 관계 단절도 포함된다. 학생들의 문제 행동이 학교 운영 전반에 걸쳐서 심각한 영향을 끼치는 것이 아니라 교실 규칙을 위반하는 정도라면 교사는 '나' 진술을 사용하면서 이들과 소박하고 진솔한 대화를 하는 게 훨씬 더 효과적이다.

만약 교사가 진솔한 대화를 통해 학생들의 소소한 문제 행동을 다루기보다 관리자(교감 또는 교장)의 권위에 의존한다면 학생들은 더욱더 교사를 신뢰하지 않고 교사와의 관계 회복에 냉소적인 태도를 보일 것이다. 설령 관리자의 권위적 개입을 통해 학생들의 문제 행동이 줄어들었다 하더라도 이들의 내면적 변화는 일어나기 어렵다. 좀 더 솔직히 말하면 학생들의 문제 행동을 수정하고 이들과의 관계를 회복하는 데 소극적인 태도를 보이는 교사는 자기 스스로 자신의 교육적 영향력을 포기하는 것이나 다름없다. 결과적으로 학생들은 자신의 행동이 주변 사람들에게 어떤 영향을 끼치는지에 대한 진지한 반성의 기회를 박탈당하게 되는 것이다.

교사와 학생 간의 진솔한 일상적 대화의 한 장면을 예로 들어 보겠다. 여기서 교사는 '나' 진술을 사용하고 있다.

교사: 아침에 나는 네가 책상 위에 엎드려 있는 것을 보았단다. 무슨 일이라도 있니?

학생: 오늘은 그냥 기분이 좋지 않아요.

교사: 그렇구나. 나는 네가 좋지 않은 기분을 털어내고 수업에 집중했으면 좋겠어. 너를 돕고 싶어. 내가 어떻게 하면 될까?

학생: 사실 요즈음 다른 학생들에 비해 학습력이 떨어지고 있다는 걸 느껴요. 학습력을 어떻게 회복할지 고민이에요.

교사: 솔직하게 말해줘서 고마워. 나는 네가 이렇게 고민에 빠진 줄 몰랐어. 수업 마치고 방과 후에 나와 함께 해결책을 찾아보는 건 어떨까? 분명히 우리는 좋은 해결책을 찾을 수 있을 거야.

학생: 예, 고마워요. 그런데 1교시 수업 내용을 제대로 이해하지 못했는데 어쩌죠?

교사: 네가 이해하지 못한 내용을 정리해서 별도의 유인물을 만들어 줄게.

이처럼 교사와 학생 간의 진솔한 일상적 대화는 서로 간의 관계를 유지하고 회복하는 데 유용할 뿐만 아니라 서로 간의 갈등을 예방할 수도 있다.

또 다른 예를 들어 보겠다. 학생들이 잘못을 저질렀을 때 교사는 보통

"왜 그런 짓을 했니?"라고 물어본다. 사실 이 질문은 학생들이 "잘 모르겠어요"라고 대답하도록 강요하는 것이나 다름없다. 즉 이런 질문을 받으면 학생들은 자기 마음의 문을 닫게 된다. 반면에 교사가 "너희들은 그렇게 심한 잘못을 저지를 학생이 아니야. 무슨 일이라도 있었니?"라고 물어본다면 학생들은 마음의 문을 닫으면서 "잘 모르겠어요"라고 대답하진 않을 것이다. 그리고 이 질문에는 학생들이 처한 상황이나 이들의 관점을 고려해 보겠다는 교사의 관대함이 함축되어 있다. 게다가 교사는 이 질문에 이어 다음과 같은 질문을 추가함으로써 학생들의 생각과 마음을 넓힐 수도 있다.

- 너희들은 그런 행동을 할 당시에 무슨 생각을 했니?
- 너희들은 그런 행동을 한 이후로 무슨 생각을 해 왔니?
- 너희들은 그 행동이 다른 누군가에게 나쁜 영향을 끼쳤다고 생각하니?
- 너희들은 그 행동 때문에 벌어진 상황을 개선하기 위해 우선 무엇을 하면 좋겠니?

이같이 학생들의 마음을 열게 하는 교사의 관대한 질문은 교사와 학생 간의 관계를 회복하고 개선하는 데 도움이 될 수 있다.

한편 다른 학생들의 잘못으로 피해를 받은 학생이 있을 수 있다. 이때 교사는 피해를 받은 학생에게 "내가 알아서 할게. 너는 그냥 수업 마치고 집으로 돌아가면 돼"라고 말하는 경우가 많다. 사실 이 말은 "피해를 받은 네가 스스로 마음의 상처를 치유할 수밖에 없어"라는 말과 다름없다. 좀 더 책임 있고 사려 깊은 교사라면 다음과 같은 질문을 하면서 피해 학생의 마음을 다독여 줄 것이다.

- 피해를 받았을 때 너는 무슨 생각을 했니?
- 너에게 피해를 준 사건이 다른 학생들에게도 나쁜 영향을 끼쳤다고 생각하니?
- 무엇이 너를 가장 힘들게 했니?
- 너에게 피해를 준 학생들의 행동을 개선하기 위해 무엇이 필요하다고 생각하니?

마무리

공유, 협동, 관계 형성, 의사소통, 공감, 관계 회복 등과 같은 사회적 기술은 좀 더 긍정적이고 바람직한 대인관계를 형성하고 유지하는 데 필수적이다. 학생들은 사회적 기술을 배우고 익힘으로써 이타적이고 책임감 있는 성인, 즉 공공심을 지닌 성인으로 성장할 수 있게 된다. 특히 대인관계의 자양분이 되는 사회적 기술은 학생들의 건전한 상호작용과 행복한 학교생활에 의미 있는 영향을 끼친다.

교사를 위한 반성적 물음

1. 당신이 근무하고 있는 학교의 학생들은 원만하고 건전한 사회적 관계— 교사와 학생 간의 관계, 학교와 학생 간의 관계, 또래 관계 등 —를 유지하고 있는가?
2. 당신은 학생들의 또래 관계를 개선하기 위해 의사소통 기술을 가르치고 있는가?
3. 당신은 학생들과 좋은 관계를 유지하기 위해 진솔한 일상적 대화를 실천하고 있는가?
4. 당신은 학생들의 공감 능력을 키우기 위해 어떤 노력을 하고 있는가?
5. 학생들이 또래 관계 또는 교사와의 관계로 고민할 때 당신은 이들의 관계 회복을 위해 어떤 노력을 하는가?
6. 수업 시간에 당신은 학생들의 사회적 관계를 발전시키기 위해 협력학습을 시도하는가?

제6장

공공심

△△ 중학교 학생들은 매년 가을에 전교학생회 선거를 치른다. 전교학생회는 회장, 부회장, 총무, 서기 등으로 구성되며, 박○○이라는 사회 교사가 무려 9년 동안 학생회 업무를 맡고 있다. 그는 학생들이 시민으로서 살아가는 데 필요한 소양을 갖추도록 지원을 아끼지 않는다. 그는 다음과 같이 말한다.

타인 존중 | 용기
윤리적 책임 | 시민적 책임
사회 정의 | 봉사 학습 | 지도력

"교사는 학생들에게 학교를 포함한 공동체 내에서 선거를 치른다는 것이 무엇을 의미하는지 가르쳐야 한다. 그리고 학생들은 독재자로서의 학생회장이 아니라 민주적 지도자로서의 학생회장을 선출한다는 점을 인지해야 한다."

학생회 정·부회장 후보자들은 그의 안내에 따라 선거연설문을 작성한다. 여기에는 자신의 포부, 공약, 특정 문제에 대한 자기 입장, 학교생활 전반에 걸친 학생들의 의견 등이 포함될 수 있다. 각 후보자에 의해 작성된 선거연설문은 그의 검토 과정을 거치며, 특히 공약은 타당성과 가능성을 충족시킬 때까지 여러 번 수정된다. 가장 인상적인 것은 전교 학생회 선거가 소수의 몇몇 학생들만을 위해 치러지는 것이 아니라 모든 학생과 교직원의 참여를 바탕으로 학교 구성원 모두를 위해 치러진다는 점이다.

◆ ◆ ◆

학교생활 전반에 걸쳐서 진심 어린 관심과 참여 의지를 지닌 교사와 학생은 모두 학생회 선거를 진지하게 받아들이기 마련이다. 이 사례에서 알 수 있듯이 △△ 중학교 교직원들은 학생 인권을 보호하고 신장하기 위해 학생회 활동을 부활시켰으며 민주적 리더십과 공공심으로 가득 찬 학교 풍토를 조성하였다.

우리가 사는 사회, 즉 민주주의 사회는 공공심과 참여 의식을 지닌 시민들에 의해 유지되고 발전된다. 학교 교육은 이러한 시민을 양성하는 데 큰 역할을 하며, 다양한 분야의 지식 습득 그 이상의 의미를 지니고 있다. 특히 사회·정서적 학습은 학생들에게 건전하고 민주적인 시민으로 성장해야 한다는 내적 동기를 부여한다는 점에서 중요하다.

공공심이란?

공공심은 보통 '공동체의 행복에 관한 적극적인 관심과 이를 달성하려는 의지'로 정의된다. 여기서 공동체는 가정, 학교, 이웃, 지역, 국가, 세계 등을 포함한다. 이러한 공공심은 통합적인 사회·정서적 학습의 중요한 요소이며, 최근 우리 사회의 지대한 관심사이기도 하다.

이와 관련하여 2018년에 아스펜 연구소(Aspen Institute)는 다음과 같이 공표하였다.

"학생들은 학교를 포함한 공동체 내에서 자신의 역할을 적극적으로 수행하고 건전한 시민으로서의 자질을 함양해야 하며, 이를 위해 사회·정서적 학습의 중요한 요소인 공공심을 배우고 익힐 필요가 있다."

학생들은 자기 존중과 타인 존중을 통해 공공심을 키울 수 있다. 그리고 이러한 공공심은 사회 구성원의 윤리적 책임, 사회의 도전적 문제를 해결하려는 의지, 사회의 불가피한 어려움을 참고 견디려는 인내심, 사회 정의 실현, 사회를 위한 봉사활동, 사회에 영향을 끼치는 학생 지도력 등과 밀접한 관련이 있다. 공공심은 성인으로 성장한 학생들이 긍정적인 사회 가치를 실현하도록 촉구하는 촉매제라 할 수 있다. 즉 학생들은 공공심을 배우고 익힘으로써 시민의 자질을 갖춘 어엿한 시민이 될 수 있는 것이다. 이런 맥락에서 교사와 학교는 시민성 교육의 주체가 될 수밖에 없다.

타인 존중

공공심의 핵심은 타인 존중이다. 이는 '관용' 그 이상의 가치를 지니며, 타인에 대한 반감 대신에 타인의 존재를 인정하고 받아들이려는 의지를 함축하고 있다. 즉 타인 존중은 삶의 조건의 차이와는 상관없이 모든 인간의 삶 자체를 가치 있게 여기는 것을 의미한다. 나아가 타인을 존중하는 사람들은 지금의 안락과 행복이 타인의 수고 덕분이라고 생각하며, 타인의 권리를 내 권리처럼 소중히 여긴다.

노딩스(Noddings)는 다음과 같이 타인 존중을 공감과 관련지어 말하였다.

"배려심에 기초한 공감은 타인 존중을 실천하는 데 필수적이다. 타인 존중과 공감은 자기 지향적이라기보다는 타인 지향적이며, 타인의 말과 생각에 주의를 기울이는 데서부터 시작된다."

용기

용기는 두려움에 맞서는 기개이다. 이는 타고난 기질이라기보다는 주변 환경이나 상황에 따라 영향을 받는 후천적 성향에 가깝다. 용기 있는 행동은 회복력, 대처 능력, 긍정적인 정체성, 친사회적 행동 등과 관련이

깊다. 용기는 보통 누군가가 의미 있는 목표— 물리적 위험이나 심리적 위험이 뒤따를지라도 —를 달성하려고 할 때 발휘된다. 이를테면 타인을 대신해서 정의로운 목소리를 내거나 타인의 이익을 위해 자신의 이익을 양보하려 할 때 용기가 발현된다.

교사라면 누구나 학생들이 용기 있는 행동을 하길 바란다. 교사의 이러한 기대를 충족시키기 위한 하나의 방법으로 학생들에게 다음과 같은 문제에 대해 서로 논의할 기회를 제공할 수 있다.

- 용기는 어디에서 오는가?
- 용기 있는 행동은 타인에게 어떤 영향을 끼칠 수 있는가?
- 위험을 감수하는 것과 용기는 어떤 관계가 있는가?
- 인내심과 용기는 어떤 관계가 있는가?
- 용기는 비범한 사람의 전유물인가?

교사라면 학생들이 '비범한 사람만이 용기를 발휘한다. 다른 사람을 위해 자신의 삶을 기꺼이 희생시키는 것만이 참다운 용기다'라고 생각하지 않길 바란다. 사실 용기는 일상생활 속에서 평범한 사람들에 의해 얼마든지 발휘될 수 있다. 좋은 습관을 갖겠다는 결심, 잘못을 인정하고 용서 구하기, 어려움을 지닌 친구에게 따뜻한 손길 내밀기, 나쁜 행동을 하는 친구에게 충고하기, 시험에 관한 정보 공유하기, 자신에 대한 비판에 귀 기울이기, 남과 비교하지 않고 자기 일에 충실하기, 자신에게 만족

하고 감사하기, 주변 사람들과 좋은 관계 맺기, 공동체 문제에 관심 기울이기 등과 같은 행위 역시 용기에 해당한다.

윤리적 책임

교사라면 아마도 학생들이 "그건 공정하지 않아!"라고 말하는 걸 수없이 들어 보았을 것이다. 공정성은 학생들에게 참 예민한 문제이다. 자신의 욕구뿐만 아니라 타인의 욕구까지 고려하는 것은 쉬운 일이 아니다. 하지만 윤리적 책임은 학생들이 자신의 욕구처럼 타인이나 집단의 욕구를 중요시하도록 촉구한다. 타인이나 집단의 처지를 고려하지 않는 자기 지향적 공정성은 윤리적 책임과는 거리가 먼 이기심에 불과하기 때문이다. 윤리적 책임감이 강한 사람들은 자신의 행동에 책임을 지며, 합리적이고 공정한 원칙에 따라 옳고 그름을 판단한다.

어린이와 청소년의 도덕성 발달은 주로 콜버그(Kohlberg)의 도덕성 발달이론 6단계를 통해 논의되었다(도표 6.1 참조). 8세 미만 어린이의 도덕성은 인습 이전 수준에 머물며, 이들은 지극히 자기중심적 관점에서 판단한다.

하지만 초등학교 ···› 중학교 ···› 고등학교 ···› 대학교 ···› 성인을 거치면서 그 도덕성은 인습 수준을 거쳐 인습 이후 수준에 도달하게 된다. 즉 성장하면서 공정성에 대한 논쟁으로 시작하지만 최종적으로는 보편적인 도덕원리에 이르게 되는 것이다. 결국 교사의 역할은 어린이와 청소년이 도덕성 발달의 하위 단계에서 상위 단계로 나아가도록 적절한 환경을 조성하는 것이다.

윤리적 책임은 인간의 삶에서 평생에 걸쳐 끊임없이 추구되어야 한다. 학생들은 '무엇이 공정한지', '무엇이 옳은지', '책임을 수용하는 것이 무엇을 의미하는지' 등을 진지하게 고민하고 논의할 기회를 지님으로써 윤리적 책임에 대한 관점과 신념을 형성할 수 있으며, 나아가 일상생활에서 마주하는 윤리적 딜레마— 예컨대 길거리에서 주운 돈을 경찰서에 맡길 것인지 혹은 자신을 위해 그 돈을 쓸 것인지, 시험 도중에 친구의 부정행위를 모른 척할 것인지 혹은 교사에게 그 사실을 알릴 것인지, 자신의 중대한 실수를 인정하고 용서를 구할 것인지 혹은 자신의 자존심을 지키기 위해 그 실수를 숨길 것인지 등에 대한 심적 갈등 —에 적절히 대처할 수 있다.

〈도표 6.1〉

콜버그의 도덕성 발달이론 6단계

<table>
<tr><th colspan="2">단계</th><th>관련 진술의 예</th><th>비고</th></tr>
<tr><td rowspan="2">인습 이전 수준</td><td>1단계:
처벌 회피 및 복종
지향적 도덕성</td><td>"그런 행동은 좋지 않아. 그 이유는 내가 그런 행동을 해서 벌을 받았기 때문이야."</td><td>옳고 그름에 대한 합리적 판단이 결핍됨</td></tr>
<tr><td>2단계:
욕구 충족
지향적 도덕성</td><td>"나에게 무슨 이득이 있을까?"</td><td>타인은 자기 욕구를 충족시키는 수단이 됨</td></tr>
<tr><td rowspan="2">인습 수준</td><td>3단계:
좋은 대인관계
지향적 도덕성</td><td>"내가 그런 행동을 하는 이유는 착한 사람으로 인정받고 싶기 때문이야."</td><td>타인의 기대를 충족시키려는 외적 동기는 작용하지만 온전한 내적 동기는 미미하게 작용함</td></tr>
<tr><td>4단계:
법과 질서
지향적 도덕성</td><td>"사람들이 법을 따르지 않는다면 사회질서가 유지될 수 있을까?"</td><td>개인적인 권리보다 사회적 의무감이 우선시됨</td></tr>
<tr><td rowspan="2">인습 이후 수준</td><td>5단계:
사회계약
지향적 도덕성</td><td>"모든 사람은 기본적인 권리를 지니고 있어. 그리고 이들 간의 서로 다른 가치와 생각은 존중되어야 해."</td><td>다수를 위한 최대의 선이 강조됨</td></tr>
<tr><td>6단계:
보편적 도덕원리
지향적 도덕성</td><td>"법은 정의에 토대를 두어야 해. 그리고 부당한 법은 개선되어야 해."</td><td>극소수의 사람만이 이 단계에 도달함</td></tr>
</table>

시민적 책임

사회 구성원이라면 누구나 도덕적으로 행동해야 할 윤리적 책임이 있으며, 또한 지역사회 개선에 관여해야 할 시민적 책임도 있다. 이러한 시민적 책임은 시민의 목소리를 존중하고 사회 정의를 실현하려는 참여 민주주의의 핵심 요소이며, 시민의 사회적 의사결정권을 전제로 하고 있다.

학생들은 미래 사회, 특히 지금보다 더욱더 민주적이고 행복한 사회를 이루는 데 필요한 희망의 싹이다. 교사의 역할은 이런 학생들이 시민적 책임 의식과 봉사 의식을 지니도록 다양한 경험을 구성하고 이를 실천할 기회를 제공하는 것이다. 예를 들면 다음과 같다.

- 사회의 건전한 시민이 된다는 것이 무엇을 의미하는지 가르치기
- 교실에 대한 소속감과 책임감을 지니도록 역할 부여하기
- 자부심을 지니도록 학급 비품 구매를 위한 발언권과 선택권 부여하기
- 공동체 의식을 지니도록 공동 과제 제시하기
- 참여 의식을 지니도록 다양한 주제에 대한 논의 활동 마련하기
- 의사결정권을 행사하도록 각종 투표 활동 마련하기
- 교실과 학교를 위해 봉사할 기회 제공하기
- 문제의식을 지니도록 건의함 활용하기
- 사회현상에 관심을 지니도록 신문 읽기 또는 TV 뉴스 시청 권장하기

사회 정의

사회 정의감은 공공심의 한 요소이며 공익을 위한 행동을 촉진한다. 학생들에게 사회 정의를 가르친다는 것은 미래에 살게 될 시민의 인권—표현과 사상의 자유, 가난과 억압으로부터의 자유, 물과 음식에 대한 보장, 여행의 자유 등 —을 보호하는 것이나 다름없다. 두말할 것도 없이 사회 정의는 복수가 아니라 타인의 삶의 질을 개선하고 타인의 인권을 보호하는 데 목적을 두고 있다.

타인과 타인의 인권을 지지하고 보호하려는 사회 정의감은 학생들에게 필요한 사회·정서적 기술 중 하나이며 공공심에 기초한 행동으로 귀결된다. 그러므로 교사의 역할은 학생들이 사회 정의감을 지니도록 다양한 경험을 구성하고 이를 실천할 기회를 제공하는 것이다. 예를 들면 다음과 같다.

- 사회 정의가 무엇인지 가르치기
- 사회 정의를 위해 고군분투한 사회운동가의 무용담 들려주기
- 사회 정의를 실현하거나 사회 부조리를 근절하기 위해 노력하는 단체 소개하기
- 사회문제에 대한 비판의식을 지니도록 다양한 시사 토론의 기회 제공하기
- 불우 이웃을 위한 기금 모으기 캠페인에 참여하도록 동기 부여하기
- 사회 정의는 개인의 삶의 행복에 긍정적인 영향을 끼친다는 의식

봉사 학습

봉사 학습— 학교의 교육과정(curriculum)과 지역사회의 복지를 결합한 교육방식 — 의 활용은 지난 10년간 일반화되어 왔다. 봉사 학습은 개인의 자원봉사에 기초한 지역사회 봉사활동과는 다르다. 지역사회 봉사활동이 소중한 가치를 지니고 있으나 봉사 학습보다 호혜성이 다소 미약하다. 즉 봉사 학습은 한 방향의 타인 지향성을 지니고 있다기보다는 함께 일하고 봉사하는 활동을 통해 자신의 배움과 성장까지 추구하는 쌍방향의 관계 지향성을 지니고 있다.

이러한 봉사 학습은 학교와 지역사회 간의 협력 관계에 기초하며(National Youth Leadership Council [NYLC]), 학교 내에서 교육과정의 한 형태로 수행될 수도 있고 지역사회의 복지기관에서 개설하는 프로그램의 형태로 수행될 수도 있다. 물론 봉사 학습은 봉사 대상 집단에 대한 공감이 아니라 동정심을 불러일으키는 '자선 활동'으로 축소되어서는 안 된다.

봉사 학습은 학교의 교육과정뿐만 아니라 지역사회의 다양한 활동과도 연계되어 있다. 이와 관련하여 '미국청소년리더십협의회'(NYLC)는 봉사 학습의 특성을 다음과 같이 제시하였다.

- 봉사 학습은 참가 학생들에게 의미 있고 적절한 봉사활동으로 구성되어 있다.
- 봉사 학습은 교육과정과 연계되어 있으며 학습 목표를 달성하기 위한 교육방식으로 활용된다.
- 봉사 학습은 자기가 수행한 봉사활동과 자기가 맺은 사회적 관계에 대한 성찰 과정을 포함한다.
- 봉사 학습은 참가 학생들이 다양성과 상호 존중에 대해 이해하도록 돕는다.
- 봉사 학습은 참가 학생들에게 자신의 봉사활동을 계획하고 실천할 기회를 제공한다.
- 봉사 학습은 참가 학생들 간의 협력 관계를 강조하며 지역사회의 요구를 해결한다.
- 봉사 학습은 참가 학생들에게 자신의 봉사 경험을 정리하고 평가할 기회를 제공한다.
- 봉사 학습은 장기적인 계획에 따라 지역사회의 요구를 해결한다.

봉사 학습은 실천 위주의 경험 지향적 교육의 하나이며 학생들의 사회성과 공공심 발달에 초점을 두고 있다. 교사의 역할은 학생들이 봉사 학습에 참여하도록 다양한 경험을 구성하고 이를 실천할 기회를 제공하는 것이다. 예를 들면 다음과 같다.

- 봉사 학습이 왜 중요한지 가르치기
- 자원봉사의 의미 가르치기
- 봉사 학습 참여자의 마음 자세— 공감하려는 의지, 의사소통을 위한 경청 의지, 타인 지향적 관점 유지 등 —를 가르치고 이를 숙지시키기
- 자원봉사활동 구성하기 (예) 독거노인을 위한 도시락 전달, 학교 정원 가꾸기, 놀이터 청소, 분리수거, 도서관 사서 도우미 활동, 아동센터 아동을 위한 재능 기부 등
- 봉사 학습 참여자의 자원봉사활동 모습이 담긴 사진 전시하기

봉사 학습을 통한 학생들의 시민적 참여는 이들의 학업 성취에 긍정적인 영향(효과 크기= .58)을 끼친다. 이뿐만 아니라 봉사 학습에 참여한 학생들은 동기 유발, 자율성, 자기 결정, 윤리적 책임 등에서도 높은 수준을 보여주고 있다.

지도력

학생들은 사회·정서적 학습을 통해 참여적이고 총명한 학습자가 될 수도 있고 진취적이고 탁월한 지도자가 될 수도 있다. 교사는 당연히 학생들이 자신의 내면에 잠재된 지도력을 드러내도록 도울 수 있다. 이러한 지도력은 학생회 활동이나 동아리 활동을 통해서만 길러지는 것이 아니

라 소소한 일상생활을 통해서도 길러질 수 있다. 넬슨(Nelson)에 따르면 지도력은 특정한 목적을 달성하기 위해 타인을 일방적으로 이끄는 힘이라기보다는 이러한 목적을 협력하여 함께 성취하려는 힘이다.

지도력을 지닌 학생들은 대체로 공부와 운동에 관심이 많고, 말을 유창하게 잘하며, 타인을 배려하고 좀 더 성숙한 모습을 보인다. 이뿐만 아니라 주변 또래로부터 신뢰를 받고 모험적인 행동을 하기도 한다. 그럼 이러한 지도력은 타고나는 것일까? 그렇지 않다. 이를테면 지도력 개발 프로그램을 통해 대인관계 기술을 익히고 충동 조절 능력과 갈등 해결 능력을 기를 수 있다면 개인의 내면에 잠재된 지도력은 자연스럽게 발현될 것이다. 이를 위한 교사의 역할은 학생들이 지도력을 기르도록 다양한 경험을 구성하고 이를 실천할 기회를 제공하는 것이다. 예를 들면 다음과 같다.

- 지도력의 의미와 그 중요성 가르치기
- 학생회, 동아리, 토론회, 봉사 학습 등과 같은 모임이나 활동에 참여할 기회 제공하기
- 지도력 개발 프로그램을 통해 지도력과 관련된 기술을 직접적으로 가르치기 (예) 대인관계 기술, 대화 기술, 정서 조절 기술, 배려심, 공감 능력, 동기 부여 기술 등

마무리

교사라면 누구나 수긍할 수 있는 몇 가지 믿음을 제시하는 것으로 이번 장을 마무리하고자 한다.

- 민주주의의 생존은 시민의 책임 의식과 참여 의식에 달려있다.
- 교육을 통해 민주주의의 발전 가능성을 높일 수 있다.
- 학교는 학생들이 민주주의를 경험할 수 있는 장소가 될 수 있다.

교사를 위한 반성적 물음

1. 당신의 학생들은 시민성에 대해 얼마나 많이 알고 있는가?
2. 당신은 학생들에게 윤리적 책임에 대해 논의할 기회를 제공하는가?
3. 당신은 학생들에게 시민적 책임에 대해 논의할 기회를 제공하는가?
4. 당신은 학생들이 사회 정의감을 지니도록 다양한 경험을 구성하는가?
5. 당신의 학교에서 봉사 학습은 사회·정서적 학습의 일부로서 잘 시행되는가?
6. 당신은 학생들의 지도력을 발달시키기 위해 어떤 노력을 하는가?

사회·정서적 학습이라는 나무를 심기에 가장 좋은 시기는…?

일반 학교에 사회·정서적 학습(SEL) 프로그램을 적용하는 것에 관심이 많았던 샤니카 벨(Shanika Bell) 박사는 교사들이 모인 자리에서 다음과 같이 말하였다.

"사회·정서적 학습에 관심을 보여 준 여러분에게 찬사와 박수를 보내고 싶어요. 학생들에게 사회·정서적 학습을 적용하는 것은 이들의 학업을 포함한 전반적인 생활에 긍정적인 영향을 끼칠 것입니다. 한 가지 주의할 점은 사회·정서적 학습을 일회성 수업 도구로 간주해선 안 된다는 겁니다. 사회·정서적 학습이 학교 교육과정 속에 완전히 통합될 때 그 목적이 달성될 수 있습니다. 정체성과 효능감, 정서 조절, 인지 조절, 사회적 기술, 공공심 등과 같은 사회·정서적 학습 요소를 두루 갖춘 학생들을 상상해 보세요. 교사로서 가슴이 떨리지 않나요?"

학교 내에서 교사가 사회·정서적 학습 원리를 학생들의 일상적인 실천으로 이끌지 못한다면 또는 사회·정서적 학습 원리를 내면화하고 실천하려는 학생들의 의지가 부족하다면, 이러한 사회·정서적 학습 원리는 그 실효성을 발휘하지 못할 것이다.

학생들의 사회·정서적 역량을 키우기 위해서 교사는 사회·정서적 학습에 관한 전문성을 계발하고 사회·정서적 학습 실천에 대한 학부모들의 적극적인 지지와 협조를 구해야 한다. 이뿐만 아니라 교사는 학생들이 사회·정서적 학습 원리를 실천하고 습관화하도록 이들에게 끊임없이 실천 동기를 부여하고 이들의 전반적인 학교생활에 관심을 기울여야 한다.

교사로서 이 책의 저자인 우리는 '왜 사회·정서적 학습이 더 많은 관심을 받아야 하는지'에 관한 논의로 이 책을 시작하였다. 세상이 점점 더 빠른 속도로 움직이고 더욱더 복잡해지는 시대 속에서 학생들은 어떻게 하면 '지혜롭고 참여적이며 행복한' 어른으로 성장할 수 있을까? 감히 말하건대 이에 대한 해답은 사회·정서적 학습에서 찾을 수 있다. 학교라는 교육환경 속에 사회·정서적 학습이라는 나무를 심기에 가장 좋은 시기는 바로 오늘이다.

◆ ◆ ◆

확실히 사회·정서적 학습은 학교라는 교육환경 속에 통합되어야 하며, 교사는 학생들의 사회·정서적 발달을 꾀하기 위해 실천한 여러 가지 활동을 반성하고 개선해야 한다. 이를 위해 도움이 될 만한 몇 가지 내용을 추가하는 것으로 마지막 장을 마무리하고자 한다.

1) 학교의 사회·정서적 풍토에 대한 교사 평가

교사로서 여러분이 학생들에게 사회·정서적 학습을 효과적으로 적용하기 위해서는 학교의 사회·정서적 풍토에 대한 강점과 약점을 정확히 파악할 필요가 있다(도표 7.1 참조).

〈도표 7.1〉에는 학교의 사회·정서적 풍토에 관한 20개의 평가 문항이 제시되어 있으며, 각 문항에 대한 응답의 긍정 여부(예 또는 아니오)는 학교 운영 전반에 걸친 반성 자료로 활용될 수 있다.

〈도표 7.1〉

학교의 사회·정서적 풍토에 대한 교사 평가 척도

1. 학생들의 사회·정서적 욕구— 사회적 기술, 정체성, 효능감, 정서 조절 등 —는 학교에서 적절히 충족되고 있다.
2. 학생들은 학교에서 안전하다고 느낀다.
3. 교사들은 학생의 정신 건강과 안녕에 문제가 생겼을 때 무엇을 해야 하는지 잘 알고 있다.
4. 학생들은 학교에서 적절한 상담이나 도움을 받을 수 있다.
5. 학교폭력에 관한 문제는 없다.
6. 학교에 오는 것을 두려워하는 학생들이 있다.
7. 교사들은 학생들을 아끼고 배려한다.
8. 교사들은 소외된 몇몇 학생들에게 특별한 관심과 지원을 보낸다.
9. 학생들은 교사들이 자신을 아끼고 지원해 준다고 생각한다.
10. 교사들은 다양한 배경을 지닌 학생들이 서로 이해하고 긍정적인 관계를 유지하도록 세심한 주의를 기울인다.
11. 교사들은 문화적인 소양을 지니고 있다.

12. 교사들은 학생들이 학교에 가고 싶도록 다양한 프로그램과 정책을 마련하고 있다.
13. 행복한 학교를 만들기 위해 학교 차원에서 노력해야 한다.
14. 학교의 훈육 방안은 징벌 지향적이라기보다는 회복 지향적이다.
15. 교사들은 학교의 훈육 방안을 이해하고 이행하는 데 노력을 기울인다.
16. 학생들은 학교의 훈육 방안을 지지하고 따른다.
17. 학생들은 교사와의 관계를 중요시한다.
18. 잘못된 학생 행동은 학교의 훈육 방안에 따라 공정하게 다루어진다.
19. 부정적인 낙인이 찍힌 학생들은 잘못된 행동을 했을 때 다른 학생들과는 다르게 취급받는다.
20. 부정적인 낙인이 찍힌 학생들은 다른 학생들보다 정학당하거나 퇴학당할 가능성이 더 크다.

Source: Reprinted from Building Equity: Policies and Practices to Empower All Learners (p. 193), by D. Smith, N. Frey, I. Pumpian, and D. Fisher, 2017, Alexandria, VA: ASCD. Copyright 2017 by ASCD.

2) 학교의 사회·정서적 풍토에 대한 학부모 평가

교사로서 여러분이 학생들에게 사회·정서적 학습을 효과적으로 적용하기 위해서는 학교의 사회·정서적 풍토에 대한 학부모의 관점이나 의견을 정확히 파악할 필요가 있다(도표 7.2 참조).

〈도표 7.2〉에는 학교의 사회·정서적 풍토에 관한 평가 문항(선택형 문항+서술형 문항)이 제시되어 있으며, 각 문항에 대한 학부모의 응답은 학교 운영 전반에 걸친 개선 자료로 활용될 수 있다.

〈도표 7.2〉

학교의 사회·정서적 풍토에 대한 학부모 평가 척도

이 설문지는 학교의 사회·정서적 풍토에 대한 학부모님의 관점이나 의견을 수집하는 데 목적이 있습니다.

- 각 문항에 대한 정답은 없습니다. 당신의 의견이 중요할 뿐입니다.
- 당신의 응답은 공개되지 않습니다.
- 당신의 응답은 학교 운영 전반에 걸친 개선 자료로 활용됩니다.

당신의 자녀는 몇 학년인가요? (해당하는 곳에 동그라미 치세요.)

K 1 2 3 4 5 6 7 8 9 10 11 12

당신의 자녀 중에서 작년에 우리 학교에 전입한 자녀가 있나요? ☐ 예 ☐ 아니오

당신이 학교를 방문했을 때 …	항상	대체로	가끔	전혀 그렇지 않다
교직원이나 학생은 친절한가요?				
교사는 대화하기 쉬운 상대인가요?				
교장은 대화하기 쉬운 상대인가요?				
당신은 환영받고 있다고 느끼나요?				

Q. 학교와 의사소통하기에 적절한 방법은 무엇인가요? (해당 사항 모두 선택)

☐ 학교 공지(이메일, 학교 홈페이지, 가정 통신문 등)
☐ 자녀의 담임 교사
☐ 상담교사
☐ 직접적인 연락(전화, 학교 방문, 학부모 회의 참석 등)
☐ 기타(또 다른 방법이 있으면 기술해 주세요.)

Q. 작년에 학교로부터 다음과 같은 사항에 대해 연락을 받은 적이 있나요? (해당 사항 모두 선택)

☐ 자녀의 학업성취도.
☐ 자녀의 학업적 어려움
☐ 자녀의 긍정적인 사회적 행동
☐ 자녀의 부정적인 사회적 행동
☐ 자녀의 과외 활동(스포츠, 음악, 자원봉사 등)
☐ 자녀의 안부
☐ 기타(자녀에 대해 또 다른 궁금한 점이 있으면 기술해 주세요.)

다음과 같은 진술에 얼마나 동의하나요?	매우 동의함	동의함	동의하지 않음	매우 동의하지 않음
학교는 당신의 자녀에게 많은 기대를 한다.				
학교는 당신의 자녀에 대한 기대치를 명확히 드러낸다.				
학교에서 당신의 자녀는 성공적인 삶을 위해 필요한 것을 학습한다.				
당신의 자녀는 학업이나 교우관계에서 어려움을 겪을 때 학교의 도움을 받는다.				
학교의 교육과정은 당신의 자녀에게 흥미와 동기를 부여한다.				
당신의 자녀는 학교에서 행복하다.				

Q. 학교에 또 다른 바라는 점이 있으면 기술해 주세요.

※ 설문조사에 응해 주셔서 감사합니다. 당신의 자녀를 위해 최선을 다하겠습니다.

3) 학교 차원에서 사회·정서적 학습을 실천하기 위한 지침

교사로서 여러분이 학교 차원에서 사회·정서적 학습을 실천하기 위해서는 다음과 같은 지침을 염두에 두어야 한다.

- 사회·정서적 학습의 원리는 공식적 교육과정과 잠재적 교육과정, 둘 다에 통합되어야 한다. 즉 사회·정서적 학습의 실천은 수업 시간뿐만 아니라 수업 시간 외에서도 이루어져야 한다.
- 사회·정서적 학습의 실천에 적합한 학교 문화와 풍토를 조성해야 한다.
- 사회·정서적 학습의 실천을 위해 방과 후 과외활동을 활용해야 한다.
- 사회·정서적 학습의 실천을 위해 지역 인사와 학부모의 지원을 받아야 한다.
- 사회·정서적 학습의 실천은 일회성 행사가 아니라 장기적이고 지속적인 과정이어야 한다.
- 사회·정서적 학습의 실천을 위해 학교 구성원 모두 협력해야 한다.
- 사회·정서적 학습의 실천이 잘 이루어지고 있는지에 대해 정기적으로 평가해야 한다.
- 사회·정서적 학습의 실천에 관한 다양한 소식과 정보를 학부모와 공유해야 한다.

참고 문헌

* Adesope, O. O., Trevisan, D. A., & Sundararajan, N. (2017). Rethinking the use of tests: A meta-analysis of practice testing. *Review of Educational Research*, 87(3), 659-701. doi:10.3102/0034654316689306
* Alexander, K. (2014). *The crossover*. New York: Houghton Mifflin Harcourt.
* Andreae, G. (2012). *Giraffes can't dance*. New York: Scholastic.
* Applegate, K. (2015). *The one and only Ivan*. New York: HarperCollins.
* Argyle, M., & Lu, L. (1990). Happiness and social skills. *Personality and Individual Differences, 11*(12), 1255-1261.
* Avi. (1990). *The true confessions of Charlotte Doyle*. New York: Orchard Books.
* Avi. (1995). *Poppy*. New York: Orchard Books.
* Bandura, A. (2001). Social cognitive theory: An agentic perspective. *Annual Review of Psychology, 52,* 1-26. doi:10.1146/annurev.psych.52.1.1
* Beaty, A. (2016). *Ada Twist, scientist*. New York: Abrams.
* Berman, S., Chaffee, S., & Sarmiento, J. (2018, March 12). *The practice base for how we learn: Supporting students' social, emotional, and academic development*. Washington, DC: Aspen Institute, National Commission on Social, Emotional, and Academic Development. Retrieved from https://assets.aspeninstitute.org/content/uploads/2018/01/CDE-consensus-

statement-1-23-18-v26.pdf

* Boelts, M. (2016). *A bike like Sergio's*. New York: Penguin Random House.

* Boyle-Baise, M., & Zevin, J. (2013). *Young citizens of the world: Teaching elementary social studies through civic engagement*. New York: Routledge.

* Brackett, M., & Frank, C. (2017, September 11). Four mindful back-to-school questions to build emotional intelligence. *Washington Post*. Retrieved from https://www.washingtonpost.com/news/parenting/wp/2017/9/11/a-mindful-start-to-the-school-year-four-back-to-schoolquestions-to-build-emotional-intelligence

* Bray, W. (2014). Fostering perseverance: Inspiring students to be "doers of hard things."*Teaching Children Mathematics, 21*(1), 5-7. doi:10.5951/teacchilmath.21.1.0005

* Bryk, A. S., Sebring, P., Allensworth, E., Luppescu, S., & Easton, J. Q. (2010). *Organizing schools for improvement: Lessons from Chicago*. Chicago: University of Chicago Press.

* Burdick-Will, J. (2013). School violent crime and academic achievement in Chicago. *Sociology of Education, 86*(4), 343-361. doi:10.1177/0038040713494225

* Byland, A. A. (2015, June). From "tough kids" to change agents. *Educational Leadership, 72*(9), 28-34. Retrieved from http://www.ascd.org/publications/educational-leadership/jun15/vol72/num09/From-%C2%A3Tough-Kids%C2%A3-to-Change-Agents.aspx

* Callaghan, M. (1936). All the years of her life. In *Now that April's here and other stories*(pp. 9-16). New York: Random House.

* Casey, B. J., Somerville, L. H., Gotlib, I. H., Ayduk, O., Franklin, N. T., Askren, M. K., . . . & Shoda, Y. (2011). Behavioral and neural

correlates of delay of gratification 40 years later. *Proceedings of the National Academy of Sciences, 108*(36), 14998-15003. doi:10.1073/pnas.1108561108

* Collaborative for Academic, Social, and Emotional Learning. (2005). *Safe and sound: An educational leader's guide to evidence-based social and emotional learning (SEL) programs*. Chicago: Author.

* Collins, S. (2008). *The hunger games*. New York: Scholastic.

* Compas, B. E., Jaser, S. S., Bettis, A. H., Watson, K. H., Gruhn, M. A., Dunbar, J. P., . . . & Thigpen, J. C. (2017). Coping, emotion regulation, and psychopathology in childhood and adolescence: A meta-analysis and narrative review. *Psychological Bulletin, 143*(9), 939-991. doi:10.1037/bul0000110

* Costello, B., Wachtel, J., & Wachtel, T. (2009). *The restorative practices handbook for teachers, disciplinarians and administrators*. Bethlehem, PA: International Institute for Restorative Practices.

* Cuddy, A. (2015). *Presence: Bringing your boldest self to your biggest challenges*. New York: Little, Brown.

* Cuddy, A., Fiske, S., & Glick, P. (2007). The BIAS map: Behaviors from intergroup affect and stereotypes. *Journal of Personality and Social Psychology, 92*(4), 631-648. doi:10.1037/0022-3514.92.4.631

* Cuddy, A. J. C., Schultz, A. J., & Fosse, N. E. (2018). *P*-curving a more comprehensive body of research on postural feedback reveals clear evidential value for power-posing effects: Reply to Simmons and Simonsohn. *Psychological Science, 29*(4), 656-666.

* Danese, A., & McEwen, B. S. (2012). Adverse childhood experiences, allostasis, allostatic load, and age-related

disease. *Physiology & Behavior, 106*(1), 29–39. doi:10.1016/j.physbeh.2011.08.019

* Daniels, H. (2002). *Literature circles: Voice and choice in book clubs and reading groups*(2nd ed.). Portland, ME: Stenhouse.

* Delpit, L. (2012). *"Multiplication is for white people": Raising expectations for other people's children*. New York: New Press.

* Demi. (1997). *One grain of rice: A mathematical folktale*. New York: Scholastic.

* Dendy, L., & Boring, M. (2005). *Guinea pig scientists: Bold self-experimenters in science and medicine*. New York: Holt.

* Desliver, D. (2016, June 10). Turnout was high in the 2016 primary season, but just short of 2008 record. *Pew Research Center*. Retrieved from http://www.pewresearch.org/fact-tank/2016/06/10/turnout-was-high-in-the-2016-primary-season-but-just-short-of-2008-record/

* DeWitt, P. (2018, January 4). 4 ways to get skeptics to embrace social-emotional learning: Educators must pay attention to students' well-being. *EdWeek*. Retrieved from https://www.edweek.org/ew/articles/2018/01/05/4-ways-to-get-skeptics-to-embrace.html

* Duncan, G. J., Dowsett, C. J., Claessens, A., Magnuson, K., Huston, A. C., Klebanov, P., . . . & Japel, C. (2007). School readiness and later achievement. *Developmental Psychology, 43*, 1428–1446. doi:10.1037/0012-1649.43.6.1428

* Dunlosky, J., & Rawson, K. (2012). Overconfidence produces underachievement: Inaccurate self evaluations undermine students' learning and retention. *Learning and Instruction, 22*(4), 271–280. doi:10.1016/j.learninstruc.2011.08.003

* Durlak, J. A., Weissberg, R. P., Dymnicki, A. B., Taylor, R. D.,

& Schellinger, K. B. (2011). The impact of enhancing students' social and emotional learning: A meta-analysis of school-based universal interventions. *Child Development, 82*(1), 405-432. doi:10.1111/j.1467-8624.2010.01564.x

* Durlak, J. A., Weissberg, R. P., & Pachan, M. (2010). A meta-analysis of after-school programs that seek to promote personal and social skills in children and adolescents. *American Journal of Community Psychology, 45*(3-4), 294-309. doi:10.1007/s10464-010-9300-6

* Dweck, C. S. (2006). *Mindset: The new psychology of success.* New York: Ballantine.

* Elias, M. J., Zins, J. E., Weissberg, R. P., Frey, K. S., Greenberg, M. T., Haynes, N. M., . . . Shriver, T. P. (1997). *Promoting social and emotional learning: Guidelines for educators*. Alexandria, VA: ASCD.

* Farnam Street. (n.d.). Carol Dweck: A summary of the two mindsets and the power of believing that you can improve [blog post]. Retrieved from https://fs.blog/2015/03/carol-dweck-mindset/

* Finnis, M. (2018, April 6). 33 ways to build better relationships. Retrieved from https://www.independentthinking.co.uk/blog/posts/2018/april/33-ways-to-build-better-relationships/

* Fisher, D., & Frey, N. (2011). *The purposeful classroom: How to structure lessons with learning goals in mind*. Alexandria, VA: ASCD.

* Fisher, D., & Frey, N. (2014, November). Speaking volumes. *Educational Leadership 72*(3), 18-23.

* Fisher, D., Frey, N., & Pumpian, I. (2012). *How to create a culture of achievement in your school and classroom*. Alexandria, VA:

ASCD.

* Fisher, D., Frey, N., Quaglia, R. J., Smith, D., & Lande, L. L. (2017). *Engagement by design: Creating learning environments where students thrive*. Thousand Oaks, CA: Corwin.

* Flake, S. (2007). *The skin I'm in*. New York: Hyperion.

* Flegenheimer, C., Lugo-Candelas, C., Harvey, E., & McDermott, J. M. (2018). Neural processing of threat cues in young children with attention-deficit/hyperactivity symptoms. *Journal of Clinical Child & Adolescent Psychology, 47*(2), 336-344. doi:10.1080/15374416.2017.1286593

* Frey, N., Fisher, D., & Nelson, J. (2013). Todo tiene que ver con lo que se habla: It's all about the talk. *Phi Delta Kappan, 94*(6), 8-13. doi:10.1177/003172171309400603

* Furr, R. M., & Funder, D. C. (1998). A multimodal analysis of personal negativity. *Journal of Personality and Social Psychology, 74*(6), 1580-1591.

* Gerdes, K., Segal, E., Jackson, K., & Mullins, J. (2011). Teaching empathy: A framework rooted in social cognitive neuroscience and social justice. *Journal of Social Work Education, 47*(1), 109-131. doi:10.5175/JSWE.2011.200900085

* Gergen, D. (2012, September 30). A candid conversation with Sandra Day O'Connor: "I can still make a difference." *Parade*. Retrieved from https://parade.com/125604/davidgergen/30-sandra-day-oconnor-i-can-make-a-difference/

* Gordon, M. (2009). *Roots of empathy: Changing the world child by child*. New York: The Experiment.

* Gordon, S. C., Dembo, M. H., & Hocevar, D. (2007). Do teachers' own learning behaviors influence their classroom goal orientation and control ideology? *Teaching and Teacher Education, 23*(1),

36–46. doi:10.1016/j.tate.2004.08.002

* Hannah, S. T., Sweeney, P. J., & Lester, P. B. (2010). The courageous mind-set: A dynamic personality system approach to courage. In C. L. S. Pury & S. J. Lopez (Eds.), *The psychology of courage: Modern research on an ancient virtue* (pp. 125–148). Washington, DC: American Psychological Association.

* Harrington, N. G., Giles, S. M., Hoyle, R. H., Feeney, G. J., & Yungbluth, S. C. (2001). Evaluation of the All Stars character education and problem behavior prevention program: Effects on mediator and outcome variables for middle school students. *Health Education & Behavior, 28*(5), 533–546. doi:10.1177/109019810102800502

* Hattie, J. (2009). *Visible learning: A synthesis of over 800 meta-analyses relating to achievement*. New York: Routledge.

* Hattie, J., & Timperley, H. (2007). The power of feedback. *Review of Educational Research, 77*(1), 81–112.

* Hawkins, J. D., Smith, B. H., & Catalano, R. F. (2004). Social development and social and emotional learning. In J. E. Zins, R. P. Weissberg, M. C. Wang, & H. J. Walberg (Eds.), *Building academic success on social and emotional learning: What does the research say?*(pp. 135–150). New York: Teachers College Press.

* Henderson, N. (2013, September). Havens of resilience. *Educational Leadership, 71*(1), 22–27.

* Hinton, S. E. (1967). *The outsiders*. New York: Viking Press.

* Hoffman, M. (1991). *Amazing Grace*. New York: Dial Books/Penguin.

* House, B., & Tomasello, M. (2018). Modeling social norms increasingly influences costly sharing in middle childhood. *Journal of Experimental Child Psychology, 171*, 84–98. doi:10.1016/

j. jecp.2017.12.014

* Humphrey, N., Kalambouka, A., Wigelsworth, M., Lendrum, A., Deighton, J., & Wolpert, M. (2011). Measures of social and emotional skills for children and young people: A systematic review. *Educational and Psychological Measurement, 71*(4), 617-637. doi:10.1177/0013164410382896

* Huntington, J. F. (2016). *The resiliency quiz*. Chevy Chase, MD: Huntington Resiliency Training. Retrieved from http://www.huntingtonresiliency.com/the-resiliency-quiz/

* Jacobson, N., & Ross, G. (2012). *The hunger games* [motion picture]. United States: Lionsgate Films.

* James-Ward, C., Fisher, D., Frey, N., & Lapp, D. (2013). *Using data to focus instructional improvement*. Alexandria, VA: ASCD.

* Jiang, Y. J., Ma, L., & Gao, L. (2016). Assessing teachers' metacognition in teaching: The Teacher Metacognition Inventory. *Teaching and Teacher Education, 59*, 403-413. doi:10.1016/j.tate.2016.07.014

* Johnston, P. H. (2004). *Choice words: How our language affects children's learning*. Portsmouth, NH: Stenhouse.

* Jones, S., Bailey, R., Brush, K., & Kahn, J. (2018). *Preparing for effective SEL implementation*. Cambridge, MA: Harvard Graduate School of Education.

* Jones, S., Brush, K., Bailey, K., Brion-Meisels, G., McIntyre, J., Kahn, J., . . . & Stickle, L. (2017). *Navigating SEL from the inside out. Looking inside & across 25 leading SEL programs: A practical resource for schools and OST providers (elementary school focus)*. Cambridge, MA: Harvard Graduate School of Education and the Wallace Foundation. Retrieved from http://www.wallacefoundation.org/knowledge-center/Documents/

Navigating-Social-and-Emotional-Learning-from-the-Inside-Out.pdf

* Jordan, D., & Jordan, R. M. (2003). *Salt in his shoes: Michael Jordan in pursuit of a dream*. New York: Simon & Schuster.

* Kackar-Cam, H., & Schmidt, J. (2014). Community-based service-learning as a context for youth autonomy, competence, and relatedness. *The High School Journal, 98*(1), 83-108. doi:10.1353/hsj.2014.0009

* Kamkwamba, W., & Mealer, B. (2010). *The boy who harnessed the wind: Creating currents of electricity and hope*. New York: HarperCollins.

* Katz, L., Sax, C., & Fisher, D. (2003). *Activities for a diverse classroom: Connecting students*(2nd ed.). Colorado Springs, CO: PEAK.

* Kawashima-Ginsberg, K. (2012, December). *Summary of findings from the evaluation of iCivics' Drafting Board intervention* (CIRCLE Working Paper #76). Medford, MA: Tufts University, Center for Information & Research on Civic Learning & Engagement. Retrieved from http://www.civicyouth.org/wp-content/uploads/2012/12/WP_76_KawashimaGinsberg.pdf

* Kidd, C., Palmeri, H., & Aslin, R. N. (2013). Rational snacking: Young children's decision-making on the marshmallow task is moderated by beliefs about environmental reliability. *Cognition, 126*(1), 109-114. doi:10.1016/j.cognition.2012.08.004

* King, R. R., & Datu, J. A. (2017). Happy classes make happy students: Classmates' well-being predicts individual student well-being. *Journal of School Psychology, 65*, 116-128.

* Kohlberg, L. (1963). The development of children's orientations toward a moral order: I. Sequence in the development of moral

thought. *Vita Humana, 6*(1-2), 11-33.

* Kristian, B. (2014, September 19). Nearly two-thirds of Americans can't name all three branches of the government. *The Week*. Retrieved from http://theweek.com/speedreads/445970/nearly-twothirds-americans-cant-name-all-three-branches-government

* Kuypers, L. (2013). The zones of regulation: A framework to foster self-regulation. *Sensory Integration, 36*(4), 1-3.

* Lamott, A. (1995). *Bird by bird: Some instruction on writing and life*. New York: Anchor.

* LeCompte, K., Moore, B., & Blevins, B. (2011). The impact of iCivics on students' core civic knowledge. *Research in the Schools, 18*(2), 58-74.

* Lee, D. S., Ybarra, O., Gonzalez, R., & Ellsworth, P. (2018). I-through-we: How supportive social relationships facilitate personal growth. *Personality & Social Psychology Bulletin, 44*(1), 37-48. doi:10.1177/0146167217730371

* Levine, P., & Kawashima-Ginsberg, K. (2017, September 21). *The Republic is (still) at risk— And civics is part of the solution. A briefing paper for the Democracy at a Crossroads National Summit*. Retrieved from http://www.civxnow.org/documents/v1/SummitWhitePaper.pdf

* Liberman, Z. L., & Shaw, A. (2017). Children use partial resource sharing as a cue to friendship. *Journal of Experimental Child Psychology, 159*, 96-109.

* Lionni, L. (1996). *It's mine!* New York: Dragonfly Books.

* Lithwick, D. (2018, February 28). They were trained for this moment. How the student activists of Marjory Stoneman Douglas High demonstrate the power of a comprehensive education. *Slate*.

Retrieved from https://slate.com/news-and-politics/2018/02/thestudent-activists-of-marjory-stoneman-douglas-high-demonstrate-the-power-of-a-fulleducation.html

* Lower, L. M., Newman, T. J., & Anderson-Butcher, D. (2017). Validity and reliability of the Teamwork Scale for Youth. *Research on Social Work Practice, 27*(6), 716-725. doi:10.1177/1049731515589614

* Lowry, L. (1989). *Number the stars*. Boston: Houghton Mifflin Harcourt.

* Macgowan, M. J., & Wong, S. E. (2017). Improving student confidence in using group work standards. *Research on Social Work Practice, 27*(4), 434-440. doi:10.1177/1049731515587557

* Maclellan, E. (2014). How might teachers enable learner self-confidence? A review study. *Educational Review, 66*(1), 59-74. doi:10.1080/00131911.2013.768601

* Maier, S., & Seligman, M. (1976). Learned helplessness: Theory and evidence. *Journal of Experimental Psychology: General, 105*(1), 3-46. doi:10.1037/0096-3445.105.1.3

* Marinak, B. A., & Gambrell, L. B. (2016). *No more reading for junk: Best practices for motivating readers*. Portsmouth, NH: Heinemann.

* Marsden, P. (1998). Memetics and social contagion: Two sides of the same coin? *Journal of Memetics: Evolutionary Models of Information Transmission, 2*. Retrieved from http://cfpm.org/jom-emit/1998/vol2/marsden_p.html

* Marulis, L. M., Palincsar, A., Berhenke, A., & Whitebread, D. (2016). Assessing metacognitive knowledge in 3-5 year olds: The development of a metacognitive knowledge interview(McKI). *Metacognition and Learning, 11*(3), 339-368. doi:10.1007/s11409-

016-9157-7

* Mattis, J. S., Hammond, W. P., Grayman, N., Bonacci, M., Brennan, W., Cowie, S.A., . . . & So, S. (2009). The social production of altruism: Motivations for caring action in a low-income urban community. *American Journal of Community Psychology, 43*(1-2), 71-84.doi:10.1007/s10464-008-9217-5

* Mayer, J., Salovey, P., & Caruso, D. (2000). Emotional intelligence as zeitgeist, as personality, and as a mental ability. In R. Bar-On & J. D. A. Parker (Eds.), *The handbook of emotional intelligence* (pp. 92-117). San Francisco: Jossey-Bass.

* McConnell, C. (2011). *The essential questions handbook, grades 4-8*. New York: Scholastic.

* Midgley, C. (Ed.). (2002). *Goals, goal structures, and patterns of adaptive learning*. Mahwah, NJ: Erlbaum.

* Mikami, A. Y., Ruzek, E., Hafen, C., Gregory, A., & Allen, J. (2017). Perceptions of relatedness with classroom peers promote adolescents' behavioral engagement and achievement in secondary school. *Journal of Youth & Adolescence, 46*(11), 2341-2354.

* Miller, L. (1989). Modeling awareness of feelings: A needed tool in the therapeutic communication workbox. *Perspectives in Psychiatric Care, 25*(2), 27-29. doi:10.1111/j.1744-6163.1989.tb00300.x

* MindTools. (n.d.). Building self-confidence: Preparing yourself for success! Retrieved from. https://www.mindtools.com/selfconf.html

* Montgomery, S., Miller, W., Foss, P., Tallakson, D., & Howard, M. (2017). Banners for books: "Mighty-hearted" kindergartners take action through arts-based service learning. *Early Childhood Education Journal, 45*(1), 1-14. doi:10.1007/s10643-015-0765-7

* Montroy, J. J., Bowles, R. P., Skibbe, L. E., McClelland, M. M., & Morrison, F. J. (2016). The development of self-regulation across early childhood. *Developmental Psychology, 52*(11),1744-1762. doi:10.1037/dev0000159

* Naragon-Gainey, K., McMahon, T. P., & Chacko, T. P. (2017). The structure of common emotion regulation strategies: A meta-analytic examination. *Psychological Bulletin, 143*(4), 384-427. doi:10.1037/bul0000093

* National Geographic. (2008). *Every human has rights. A photographic declaration for kids*. New York: Penguin Random House.

* National Youth Leadership Council. (2008). *K-12 service-learning standards for quality practice*. Saint Paul, MN: Author. Retrieved from https://nylc.org/wp-content/uploads/2015/10/standards_document_mar2015update.pdf

* Nelson, A. E. (2009). *Social influence survey*. Retrieved from https://stca.org/documents/2016/6/Kidlead%20Social%20Influence%20Survey.pdf

* Nelson, A. E. (2017). Mining student leadership gold. *Principal Leadership, 17*(7), 48-51.

* Noddings, N. (2012). The caring relation in teaching. *Oxford Review of Education, 38*(6), 771 -781. doi:10.1080/03054985.2012.745047

* Norton, P. J., & Weiss, B. J. (2009). The role of courage on behavioral approach in a fear-eliciting situation: A proof-of-concept pilot study. *Journal of Anxiety Disorders, 23*(2), 212-217. doi:10.1016/j.janxdis.2008.07.002

* Ohman, A., Flykt, A., & Esteves, F. (2001). Emotion drives attention: Detecting the snake in the grass. *Journal of*

Experimental Psychology, 130(3), 466-478. doi:10.1037/0096-3445.130.3.466

* O'Keefe, P. A., Ben-Eliyahu, A., & Linnenbrink-Garcia, L. (2013). Shaping achievement goal orientations in a mastery-structured environment and concomitant changes in related contingencies of self-worth. *Motivation and Emotion, 37*(1), 50-64. doi:10.1007/s11031-012-9293-6
* Orwell, G. (1946). *Animal farm*. New York: Harcourt, Brace.
* Palacio, R. J. (2012). *Wonder*. New York: Random House.
* Palincsar, A. S., & Brown, A. L. (1984). Reciprocal teaching of comprehension-fostering and comprehension-monitoring activities. *Cognition and Instruction, 1*(2), 117-175. doi:10.1207/s1532690xci0102_1
* Park, D., Tsukayama, E., Goodwin, G., Patrick, S., & Duckworth, A. (2017). A tripartite taxonomy of character: Evidence for intrapersonal, interpersonal, and intellectual competencies in children. *Contemporary Educational Psychology, 48*, 16-27. doi:10.1016/j.cedpsych.2016.08.001
* Partnership for 21st Century Learning. (2015). The 4Cs research series. Retrieved from. http://www.p21.org/our-work/4cs-research-series
* Perkins, D. N., & Salomon, G. (1992). Transfer of learning. *International encyclopedia of education* (2nd ed.). Oxford: Pergamon.
* Perkins-Gough, D., & Duckworth, A. (2013, September). The significance of GRIT. *Educational Leadership, 71*(1), 14-20.
* Peterson, E., & Meissel, K. (2015). The effect of Cognitive Style Analysis (CSA) test on achievement: A meta-analytic review. *Learning and Individual Differences, 38*, 115-122. doi:10.1016/

j.lindif.2015.01.011

* Phelps, E. A. (2004). Human emotion and memory: Interactions of the amygdala and hippocampal complex. *Current Opinion in Neurobiology, 14*(2), 198-202. doi:10.1016/j.conb.2004.03.015

* Pinker, S. (2012). *The better angels of our nature: Why violence has declined*. New York: Penguin.

* Plutchik, R. (1997). The circumplex as a general model of the structure of emotions and personality. In R. Plutchik & H. R. Conte (Eds.), *Circumplex models of personality and emotions* (pp. 17-45). Washington, DC: American Psychological Association.

* Posner, G. (1992). *Analyzing the curriculum* (2nd ed.). New York: McGraw-Hill.

* Potter, L. A. (2016). Provoking student interest in civic responsibility with an 18th century diary entry. *Social Education, 80*(4), 224-226.

* Ramirez, G., McDonough, I. M., & Ling, J. (2017). Classroom stress promotes motivated forgetting of mathematics knowledge. *Journal of Educational Psychology, 109*(6), 812-825. doi:10.1037/edu0000170

* Rivera, J., & Docter, P. (2015). *Inside out* [motion picture]. United States: Walt Disney Pictures. Republic [Def. 2]. (n.d.). In *Merriam-Webster online*. Retrieved from https://www.merriamwebster.com/dictionary/republic

* Road Not Taken [computer software]. Kirkland, WA: Spry Fox.

* Rosen, L. D. (2017). The distracted student mind—Enhancing its focus and attention. *Phi Delta Kappan, 99*(2), 8-14. doi:10.1177/0031721717734183

* Ryan, P. M. (2000). *Esperanza rising*. New York: Scholastic.

* Sapon-Shevin, M. (1998). *Because we can change the world: A practical guide to building cooperative, inclusive classroom communities*. Boston: Allyn & Bacon.
* The Secretary's Commission on Achieving Necessary Skills. (1992). *Learning a living: A blueprint for high performance. A SCANS report for America 2000*. Washington, DC: U.S. Department of Labor. Retrieved from https://wdr.doleta.gov/scans/lal/lal.pdf
* Shakur, T. (1999). *The rose that grew from concrete*. New York: MTV Books/Simon & Schuster.
* Shannon, D. (2002). *David gets in trouble*. New York: Scholastic.
* Shoda, Y., Mischel, W., & Peake, P. K. (1990). Predicting adolescent cognitive and self-regulatory competencies from preschool delay of gratification: Identifying diagnostic conditions. *Developmental Psychology, 26*(6), 978-986. doi:10.1037/0012-1649.26.6.978
* Sisk, V. F., Burgoyne, A. P., Sun, J., Butler, J. L., & Macnamara, B. N. (2018). To what extent and under which circumstances are growth mind-sets important to academic achievement? Two meta-analyses. *Psychological Science, 29*(4), 549-571. doi:10.1177/0956797617739704
* Smith, D., Fisher, D., & Frey, N. (2015). *Better than carrots or sticks: Restorative practices for positive classroom management*. Alexandria, VA: ASCD.
* Smith, D., Frey, N. E., Pumpian, I., & Fisher, D. (2017). *Building equity: Policies and practices to empower all learners*. Alexandria, VA: ASCD.
* Spinelli, J. (1990). *Maniac Magee*. New York: Little, Brown.
* Spinelli, J. (1996). *Wringer*. New York: HarperCollins.

* Sternberg, R. J. (1998). Metacognition, abilities, and developing expertise: What makes an expert student? *Instructional Science, 26*(1-2), 127-140. doi:10.1023/A:1003096215103

* Stirin, K., Ganzach, Y., Pazy, A., & Eden, D. (2012). The effect of perceived advantage and disadvantage on performance: The role of external efficacy. *Applied Psychology, 61*(1), 81 -96. doi:10.1111/j.1464-0597.2011.00457.x

* Strom, B. S. (2016). Using service learning to teach *The Other Wes Moore*: The importance of teaching nonfiction as critical literacy. *English Journal, 105*(4), 37-42.

* Talsma, K., Schuz, B., Schwarzer, R., & Norris, K. (2018). I believe, therefore I achieve (and vice versa): A meta-analytic cross-lagged panel analysis of self-efficacy and academic performance. *Learning and Individual Differences, 61*, 136-150. doi:10.1016/j.lindif.2017.11.015

* Trollope, A. (2014). *Anthony Trollope: An autobiography and other writings*. (N. Shrimpton, Ed.). New York: Oxford University Press.

* Ungar, M. (2008). Resilience across cultures. *British Journal of Social Work, 38*(2), 218-235. doi:10.1093/bjsw/bcl343

* Ungar, M., Brown, M., Liebenberg, L., Othman, R., Kwong, W. M., Armstrong, M., & Gilgun, J. (2007). Unique pathways to resilience across cultures. *Adolescence, 42*(166), 287-310. U.S. Department of Education, National Center for Education Statistics. (2015). *National Assessment of Educational Progress (NAEP), 2014 Civics assessments.* Retrieved from https://nces.ed.gov/nationsreportcard/civics/

* United Nations. (1948, December 10). *The Universal Declaration of Human Rights*. Retrieved from http://www.un.org/en/universal-declaration-human-rights/References 187

* van der Linden, D. V., Pekaar, K. A., Bakker, A. B., Schermer, J. A., Vernon, P. A., Dunkel, C. S., & Petrides, K. V. (2017). Overlap between the general factor of personality and emotional intelligence: A meta-analysis. *Psychological Bulletin, 143*(1), 36-52. doi:10.1037/bul0000078

* Vasquez, J. (1989). Contexts of learning for minority students. *The Educational Forum, 52*(3), 243-253. doi:10.1080/00131728809335490

* Vogel, S., & Schwabe, L. (2016). Learning and memory under stress: Implications for the classroom. *NPJ Science of Learning, 1*, 1-10. doi:10.1038/npjscilearn.2016.11

* Waters, E., & Sroufe, L. A. (1983). Social competence as a developmental construct. *Developmental Review, 3*(1), 79-97. doi:10.1016/0273-2297(83)90010-2

* White, R. E., Prager, E. O., Schaefer, C., Kross, E., Duckworth, A., & Carlson, S. M. (2017). The "Batman effect": Improving perseverance in young children. *Child Development, 88*(5), 1563-1571. doi:10.1111/cdev.12695

* Williams, V. B. (1982). *A chair for my mother*. New York: HarperCollins.

* Wilson, D. B., Gottfredson, D. C., & Najaka, S. S. (2001). School-based prevention of problem behaviors: A meta-analysis. *Journal of Quantitative Criminology, 17*(3), 247-272. doi:10.1023/A:1011050217296

* Zimmerman, B. J. (1989). A social cognitive view of self-regulated academic learning. *Journal of Educational Psychology, 81*(3), 329-339. doi:10.1037/0

학생들의 성공적 삶과

사회정서 학습

펴낸날 2021년 12월 8일
2쇄 펴낸날 2024년 4월 5일

지은이 Nancy Frey, Douglas Fisher, Dominique Smith
옮긴이 안찬성
펴낸이 주계수 | **편집책임** 이슬기 | **꾸민이** 전은정

펴낸곳 밥북 | **출판등록** 제 2014-000085 호
주소 서울시 마포구 양화로 59 화승리버스텔 303호
전화 02-6925-0370 | **팩스** 02-6925-0380
홈페이지 www.bobbook.co.kr | **이메일** bobbook@hanmail.net

ISBN 979-11-5858-832-8 (13370)